U0016308

小資族下班後翻倍賺

財富自由GET！
3步驟月入六位數
30歲前晉升新富族

蕾咪Rami——著

〈好評推薦〉

還好有蕾咪這本書幫助了我，建立滿全面的理財思維基礎，相信看完這本書的你也可以做到。

——ECHO李昶俊（知名藝人、Beatbox創作歌手）

好多人都說：「你好厲害！30歲前就能存到頭期款買房！有什麼理財方式嗎？」實不相瞞，就是「先認識蕾咪」，哈哈哈！就因為蕾咪從生活中跟我分享的各種理財技巧，在我當月光族賺多少、花多少、存摺永遠空空的時候，她中肯且直接地給我財務規劃與建議，我才真的能痛下決心正視自己不正確的消費習慣，開始用比以往更快、更聰明的方式存錢，達成購屋目標。

蕾咪的財務規劃諮詢費很高，但現在幸運的你們，只要擁有這本書，就能挖掘蕾咪累積的財富寶藏！

——冰蹦拉（小資買房YouTuber）

蕾咪是我身邊最早能彼此交流財務理念的朋友之一，也是財務自由的實踐者。她非常擅長抓住重要的原則與方向、把問

題簡化，也樂於嘗試多種可能性。

許多人覺得追求財務自由的過程，就是一直追著金錢跑、為金錢做出犧牲，但和蕾咪聊天時會發現，她的思考過程永遠先考慮到自己的個性、想要的生活，以及自己的強項，從而做出選擇與取捨；而最終為自己打造理想生活的，其實並不是金錢，而是這些取捨與選擇。

預祝你看完這本書，能從中有所收穫。

——Mr. Market市場先生（財經作家）

我在創業遇到一些資本上的關卡時，第一個想到的都是諮詢蕾咪。記得她跟我說過一個徹底影響我的觀念，就是一間公司能做大就應該要繼續做大，因為你可以影響更多人、養活更多家庭、服務更多客戶。我豁然開朗，因為一直不敢冒太大風險的我，從沒想過這段話包含了公司資本化、財務規模化的概念。現在，我在公司營運上只要遇到財商問題、稅務問題，都會想到這個核心概念。真的很感謝蕾咪的幫忙，也很感謝她願意把這些內容集結成書分享，幫助更多人。非常推薦每一個有個人財務與公司財商知識需求的人讀這本書！

——艾兒莎（女力學院共同創辦人、放棄22K蹦跳新加坡版主）

還記得那個午後，那場一如往常的咖啡廳開聊，最後可以說是改變了我一生。當時我的第一家公司創立滿一年，公司與個人財務全都亂得一塌糊塗！

蕾咪猶如一盞明燈，請我列出人生目前想完成的三大目標；之前我和大部分人一樣，都知道如果非必要，要先存錢買房，有「資產」後再考慮買車。但她點通了我一件事：「什麼事現在不做，就來不及了？」先後順序從來不是順著這社會給的潛規則，而是我們心中的夢想優先排序。

等到下次見到蕾咪，大約兩個月後，我興奮地跟她說我買車了！在那之前，買車從來不會在我生命中這麼早實現，現在我知道買車是給爸爸開，是買一份爸爸的安全和快樂，也是一份最無價的感動。

如今我的財務規劃，也因為有蕾咪擔任我的嚮導，變得井然有序。財務和投資方向明確了，人生自然少了很多壓力和煩惱。她從不是只會教你玩數字、整理帳務的理財達人，在我們摸不清人生該努力的方向時，她更會給予最不會讓你後悔的建議和決定！

—— Blaire（心靈系YouTuber）

因YouTube財商影片而認識蕾咪，她讓我感覺並非爲了賺錢而分享，是眞心想幫助別人！2019年底至今跟隨著她的教導，學會了先整理財產及處理債務，再進一步做股票及買房投資與資產配置，非常感謝人生中有她的協助！

—— 鄧小姐（生技公司業務，34歲）

向蕾咪諮詢最大的收穫是「心態的改變」，從一開始的「自我懷疑」到「不自我設限」！並建立「職場幹大事」部落格，剛開始經營時找不到自己的方向，但在她的引領下眞的成功接到業配，也利用網路接案，幫助TA客戶，客戶甚至還回購！聯盟行銷也開始賺到錢了。「蕾咪就好像許願池女神一樣」，這個感受與印象非常深刻。感謝蕾咪給予的啓發，讓我們看見自己更多潛能與可能！

—— Julia＆阿富（外商業務經理＆工程師、斜槓部落客，32歲）

對我而言，蕾咪不只是「財富」顧問，更是「才賦」顧問。她擅長引出每個人的豐盛，讓人們連結原生的才能天賦，將內在資源顯化爲外在物質，打造生生不息的正循環。

—— 劉小姐（商業分析師，25歲）

九個月前的我其實非常無助徬徨，找不到目標也沒有方向，直到報名了蕾咪的財務諮詢……在每個月的作業清單中，不知不覺已完成了許多財務小目標，距離第一桶金也越來越靠近，這一路走來真的感覺好不可思議！每每向蕾咪諮詢結束後，總能感受到滿滿的正能量，相信在不久的將來我也能實現夢想！

—— 蔡小姐（社區祕書，35歲）

在人生過去的三十年裡，我幾乎只知道存錢，沒有其他特別的理財跟投資規劃。聘請蕾咪當個人財務顧問後，我在很短的時間內就解決所有負債，也順利賣出手上房產，找到適合自己的新房。更重要的是，我也認清了保險最重要的意義，規劃出最符合需求的保單。一位專業的導師絕對是邁往成功的捷徑。聽到蕾咪要出新書，當然要大力挺一波！這本書你不買絕對會後悔！

—— 戴先生（飛行員，31歲）

自序 ————
更有錢，心也更自由

　　爲什麼會開始想要分享投資理財知識？每次看到社會新聞上，許多家庭爲了財務問題所苦，甚至僅爲了幾十、上百萬債務就選擇輕生，這些訊息經常讓我內心非常難受，有時候會想，要是我能夠及時提供他們一些資金的援助，會不會有可能電視裡那個人就不至於走上絕路，就少一些人間悲劇。

　　小時候，我經常看見父母爲了錢吵架，那時候我心想，要是可以快點長大，要是可以趕快開始賺錢，爸媽是不是就不會爲了錢吵架或鬧離婚？如果有了錢，是不是可以解決大部分的人生問題？因爲爸爸創業，家中經濟起起落落，所以我從小到大都是對金錢比較沒有安全感的人，總想著多存一點錢在身邊，以備不時之需。

　　大學畢業後的第一份工作，起薪兩、三萬元，才工作第一個月就讓我嘗到月光族的滋味，到了月底害怕自己沒錢吃飯

的恐懼，讓我此生難忘。因此在當時我就下定決心，絕對不要再讓自己有一天需要害怕沒有錢。從那時起，我開始積極學習投資理財相關知識，並且透過網路組成實體的投資理財讀書會，強迫自己定期閱讀相關書籍，直至今日。

後來，我順利在28歲達到財務自由，每個月有六位數以上的被動收入，開始過著我理想中的生活，旅居不同國家，實踐當初想環遊世界的夢想。直到某一天，我在英國旅居時，無意間在自己的粉絲頁上看到一則留言，讓我起心動念決定分享投資理財相關知識。

他說，兩年前在PTT論壇上看到我回覆的一篇文章，當時有網友提問：他是社會新鮮人，月入兩萬多，身上背了幾十萬學貸，計畫兩年後和女友結婚，卻不知道該從何下手，對人生感到非常無力。後來，他看了我那篇文章以後，按表操課執行，在兩年後的今天，他還清了學貸，並且準備結婚了，所以特別找到我，想要感謝我兩年前寫的那一篇文章。

這時候我才發現，原來，不論我擁有多少錢都無法完全幫助那些我想幫助的人，但是，只要我持續分享財務管理知識，也許就能讓更多人不必為了財務困境所苦。

　　因此，如果你希望可以開始為自己的財務負責，成為金錢真正的主人，希望這本書能在這條路上助你一臂之力。許多人問我應該怎麼開始才能一步步邁向財務自由，在這本書我想分享給大家的基本功，包含：

　　1.**了解金錢本質**：開始「認識金錢」，學會設定財務目標，以及基礎的理財與保險規劃。

　　2.**提高主動收入**：先學會「用時間賺錢」，增加本業的單位時薪，為自己打造黃金履歷，了解各種賺錢工具。主動收入可以保證你在初期有穩定的現金流，以源源不絕的新資金累積資產，這也是每個人最一開始可以立即做好的功課。

　　3.**建立投資收入**：從投資觀念開始入門，學習「用錢賺錢」，理解自己的投資風險屬性，並認識各種投資工具，提供一些簡易可行的方式，讓投資新手也能開始操作，以及進階的資產配置。真正的有錢人並不一定是多會工作賺錢與投資股票，而是善用資產配置，有效降低投資風險，並提高投資報酬率，確保不論市場漲跌，都不至於血本無歸，還能讓資產長期穩定累積。

最後，我也會分享自己多達11種的被動收入來源，供大家參考與嘗試。

財務自由是許多媒體喜歡炒作的詞彙，但是財務自由以後，人生的功課才開始，因為你必須面對一件殘忍的事情：除了錢以外，你真心渴望的是什麼？

財務自由後的你，想過什麼樣的生活？

以前大學畢業剛出社會時，我以為自己就是要趕緊退休、擺脫工作的生活，可以到處遊山玩水、環遊世界。後來我達成了當初設定被動收入每月超過六位數的目標，讓自己開始到處旅居不同國家、學習各種才藝、盡情陪伴家人與情人，我得到了「時間上的自由」，我以為這就是我要的生活。

剛開始，我完成許多想做的事，學習時尚插畫、烹飪、品酒，甚至想了解香檳，就去法國香檳產區走走；喜歡藝術作品，就待在巴黎羅浮宮一整天；品嚐傳說中拿坡里當地的冠軍披薩；跑到米蘭痛快逛街大買特買；在西西里島藍洞聽著船夫的頌唱，或者只是單純去巴塞隆納耍廢一週，品嚐當地

最知名的西班牙海鮮飯，在高第的聖家堂與奎爾公園靜靜感受一切。

連續幾年，我的聖誕節與跨年煙火都是在不同國家度過，旅遊癮在這幾年來算是過足了，於是我開始進修，不是那種小打小鬧的幾堂課，而是那種札實到可以轉職的進修班。

考進了國際貿易協會開辦的國企特訓班（簡稱ITI），過上了大半年每天朝九晚六的集訓課程；結業後又跑去英國遊學一個月；一年後報名了實踐大學服裝設計全修班，也是度過了近半年札實的進修生活，讓一個門外漢每天忙著在縫紉機前縫衣物、回到家後手縫或塗畫作品，偶爾穿插亞洲線的小旅行，去日本溫泉之旅、跟著滑雪團出走、熱血的單車環島團，留下一個又一個精采的回憶。

回到自己的住所，就像一場絢爛後需要找點依靠，所以感情生活也多采多姿。然而，我依舊迷惘著，不了解自己生活的意義。我徬徨著，像是浮木般，探索自己的使命；甚至有一段近半年的時間，我因為不知道自己活著有什麼意義，開始對於萬事萬物都失去動力，甚至有些憂鬱傾向。

直到我開始僱用了自己的第一個助理，開始發出第一份薪

水，開始感到前所未有的感恩，原來我有能力可以讓別人也過得很好，而這樣的財富才有意義。

之後我跌跌撞撞了幾年，成立公司，拓展團隊，開始成就更多事情，我才發現有一種快樂是再多奢侈與享受都取代不了的，就是解決問題與幫助他人的成就感。

創業後我反而得到了前所未有的安全感，這是我意想不到的。心裡也有越來越多願景，想要一群人一起去實現。我很慶幸老天爺給我很棒的天賦，讓我可以幫助別人解決財務上的困難，並讓他們可以更快速達成人生夢想，就像《把愛傳下去》這本書所說的，希望其他人也能把這份愛傳下去。

財務自由後，已經五年過去了，走過這一遭我更知道自己想要的是什麼。

對我來說：

財務自由，單純金錢上的自由，被動收入超過主動收入；

財富自由，擁有選擇自己理想生活的自由，包含關係、體驗、物品。這才是我希望大家可以追求的，不只是金錢，而是真正的人生財富。

我想，我們每個人真正追求的從來就不是財務自由和單純

無所事事吃喝玩樂的生活，更多時候的我們，期待的是擁有
「選擇的自由」，活出自己想要的樣子，選擇自己喜歡的事
業，陪伴自己最在乎的人。

　　你們想過自己財務自由後的生活嗎？迷惘不會太好受，
但是找到意義後會讓你的心更自由。但願閱讀完這本書的你
們，也能寫下專屬於你的理想生活劇本，成為一個快樂的有
錢人。

本書使用說明

這本書內容豐富，從理財新手到已有資深投資經驗的人都適用，有些內容對你也許太粗淺，有些內容又太深入，請依你現在的人生階段／身分與收入狀況，找到適合閱讀的章節：

人生階段 ／身分	收入狀況	建議閱讀
受僱員工 自由接案者 中小企業家	對人生感到迷惘、陷入負債循環、收入不穩定的人。	第一步 認識金錢
	月收入10萬以下的人，不知道如何有效提高月收入。	第二步 用時間賺錢
	擁有穩定的月收入，但是不敢退休，想要學習用錢賺錢。	第三步 用錢賺錢
	害怕自己突然失業或生活變故，無法支應開銷。	第一步 認識金錢 的「做好財務風險規劃」
上市企業家 股票投資人	嘗試著打造被動收入，但是不足以讓自己財務自由。	第三步 用錢賺錢
	累積越來越多的資產，但不知道如何管理做資產配置。	第三步 用錢賺錢 的「資產配置」

Contents

Step One
第一步：認識金錢
做好財務規劃，管理你的收入來源。

Step Two
第二步：用時間賺錢
打造你的黃金履歷，提高主動收入！

Contents

Step Three
第三步：用錢賺錢
堅守投資策略，做好資產配置。

Step One
第一步
認識金錢

做好財務規劃，
管理你的收入來源。

1-1 富人與窮人 之間的差距

　　有一個窮人因為生活艱苦，無法吃飽穿暖，對著佛祖哭訴：「這個社會太不公平了！為什麼富人天天悠閒自在，而窮人就該天天吃苦受累？」

　　「要怎樣你才覺得公平呢？」佛祖笑著問他。

　　「我要讓富人和我一樣窮、幹一樣的活！」窮人說。

　　「好吧！」佛祖把一名富人變成了窮人，並給了他們各自一座煤山。

　　窮人和富人一起開挖，窮人平常幹慣了粗活，挖煤對他是小菜一碟，很快地他挖了一車煤，拉去市集賣了錢，用這些錢全買了好吃的，拿回家給老婆孩子解饞。

　　富人平時沒幹過重活，挖一會、停一會，還累得滿頭大汗。到了傍晚才勉強挖了一車拉到市集賣，換來的錢他只買了幾顆饅頭，其餘的錢都存了起來。

　　第二天，窮人早早起來開始挖煤；富人卻去逛市集，找了兩個強壯的工人，他們二話不說就開始替富人挖煤，一上午

第一步 認識金錢
做好財務規劃，管理你的收入來源

第二步 用時間賺錢
打造你的黃金履歷，提高主動收入

第三步 用錢賺錢
堅守投資策略，做好資產配置

的工夫就挖出了好幾車煤礦。富人把煤賣了，又僱了幾個苦力，一天下來，給了工人工資之後，剩下的錢還比窮人賺的多上好幾倍。

一個月很快就過去了，窮人只挖了煤山一角，每天賺的錢都買好吃好喝的，沒有剩餘；富人則指揮工人挖光煤山，賺了不少錢，還用這些錢投資，做起新買賣，很快又成了富人。

財富思考題：
決定富人與窮人之間差距的，到底是什麼？

看了以上富人與窮人的差別，也提醒我們，在學習理財之前，也許應該先聊聊什麼是金錢？

什麼是金錢？

你對金錢的定義是什麼呢？是你手中白花花的鈔票、口袋裡的銅板？你錢包裡的信用卡？或是你收藏的黃金？在戰爭時，一袋米糧可以是金錢；你在銀行的負債也可以是金錢。

金錢，當初被創造出來，是為了有效率地滿足人們資源互換的過程，在早期農業時代，透過以物易物的方式來交換彼此生產的農、漁品；到後來開始利用貝殼、金屬作為交易工

具；之後逐漸發展成現在的紙鈔貨幣，並由各國政府背書。

金錢的第一個本質是「交易的工具」；我們可以透過金錢買到他人的生產成果、他人的時間；同理，我們也可以販賣自己的時間、自己的生產成果。

從金錢的本質可以見得，追求金錢本身並沒有意義，重要的是如何利用金錢得到我們想要的東西，達到理想的生活品質與人生目標，這才是真正應該追求的。

如何賺錢？

了解金錢的本質以後，就可以思考哪些事情可以為我們創造財富，哪些東西可以換來金錢？

1.時間：時間是你生命的單位，它可以換來金錢，所以我們選擇透過工作投入勞力，來換取時薪、日薪、月薪等，用時間取得金錢。

2.知識：專業能力需要透過知識長期累積而來，雖然一樣需要投注勞力，但是卻可以讓你的單位時間價值大幅提升，因而拉高主動收入的時薪。

3.信用：信用可以換來金錢，所以在你錢包裡的塑膠小卡，可以走進任何一家店，使用你被允許的信用額度消費。

4.名聲：持續累積的信用會逐漸變成名聲，名聲可以為你帶來金錢，因為他人或銀行會相信你有能力在未來某一天償還你預支的信用。

了解以上與金錢互換的單位以後，也就不難想像哪些東西其實跟金錢一樣有用；比如，負債的本質其實跟金錢一樣，只是名稱不同。許多富人透過舉債來製造槓桿，使用負債來達成與使用金錢一樣的效果；同理，許多名人透過長期累積的信用與名聲，也能為自己創造大把財富。

財富與金錢的關係

先說結論：「財富，不等於金錢。」因此，財務自由與財富自由是不同的，即使沒有被動收入，只要擁有良好的財務管理能力，讓生活的經濟無虞並不至於失衡，並且有能力選擇自己想要的生活，就是我們所定義的財富自由。

財務自由：單純金錢上的自由，被動收入超過主動收入。

財富自由：擁有選擇自己理想生活的自由，包含關係、體驗、物品。這才是我希望大家可以追求的，不只是金錢，而是真正的人生財富。

我們談過金錢的本質是交易工具，那麼許多人為錢所苦、煩惱、甚至做出犯法行為，都是為了這個交易工具嗎？當然不是，每個人一生追求的，從來就不是金錢，而是財富，以及擁有財富所帶來的「幸福感」。理性分析的金錢數字可以騙人騙己，但感覺不會，情緒會告訴你到底幸不幸福。

財富通常指的是我們「想要的關係、想要的東西、想要的體驗」，這構成了我們人生的三方面，包含身體健康、事業

第一步 認識金錢
做好財務規劃，管理你的收入來源

第二步 用時間賺錢
打造你的黃金履歷，提高主動收入

第三步 用錢賺錢
堅守投資策略，做好資產配置

金錢與關係美滿，一旦其中一塊有所缺憾，都會讓人失去幸福感。

也許你會說這不是廢話嗎？不，這真的不是廢話。太多人在追求財富的過程中搞錯方向，變成以追求金錢為導向，然後失去家庭、健康、快樂，最後只能在年老時後悔一生錯過了許多。

我們周遭多少都見過拚命工作賺錢，卻與妻小家人疏離、迷失在金錢與財富之中的人。許多財富不一定很花錢，卻很花時間，比如參加孩子的畢業典禮，參與他們人生的重要時刻，這不花錢，但是花時間；比如陪妻子去約會，也許只是逛夜市，就能繼續為你累積生命中「美好的關係」這項財富；又或者，在母親節只是單純陪伴媽媽，也一樣是為你累積關係的財富。

如果人生就是一趟旅行，那麼時間與金錢不過是旅行中的盤纏，我們住進旅店、享用美食、體驗景點、與重視的人分享所見所聞、吸收新知。而旅行的目的，從來就不是為了賺取更多盤纏，而是透過這些時間與金錢，在旅途中為人生帶來最美麗的風景。

窮思維vs.富思維

你可能聽過樂透得主得到幾億以後，在三、五年內又迅速恢復原來的經濟水準，還有人甚至變得更窮困潦倒；或是你

自己可能也正處在某個財富水平階段，卻發現不論再怎麼努力，也無法順利向上提升。

為什麼對有些人來說，管理財富與提升財富宛如水到渠成，就算一時低潮，幾年後也能順利打拚回到原來的經濟水準？而對有些人來說，即使一時間擁有了為數不少的金錢，也會在短時間內打成原形呢？

套句《有錢人跟你想的不一樣》書中所說，你心目中的金錢溫度計將會決定你對財富的感知能力。當你的溫度計調頻在「年收30萬」，賺的錢超過這樣的收入時，你可能會覺得太多了；當你的溫度計調頻在「年收300萬」，結果你今年只進帳了200萬、低於這樣的收入時，你可能會覺得太少了；就像覺得天氣太冷或太熱，身體也會自然而然地去調整自己的適溫狀態。

換句話說，內在的財富水平就是你的舒適圈，有人的舒適圈是30萬元，有人是300萬元，有人是3,000萬元，甚至是3億元！那你呢？你覺得你的年收應該是多少？

調整你的金錢溫度計：
為自己寫下內在的財富數字吧！
寫下去年已經發生、還有今年預計的年收入。

第一步 認識金錢
做好財務規劃，管理你的收入來源

第二步 用時間賺錢
打造你的黃金履歷，提高主動收入

第三步 用錢賺錢
堅守投資策略，做好資產配置

寫完了嗎？現在，不管你所寫下的現況是多少錢，從今天開始，以這個收入為基準點，目標是讓自己一年接著一年成為更好的人。金錢的本質只是工具，一個讓我們擁有選擇權、選擇自己想要生活的工具。

接下來透過三步驟練習，幫助你順利拓展自己的財富舒適圈：

Step1：請根據直覺寫出以下答案：

Q1.寫下十句與金錢有關的形容詞。

Q2.寫下十句你對富人的印象。

Step2：辨別自己的窮思維與富思維：

你有沒有試著檢視過自己對有錢人的想法為何？在每一句話後面，看看哪些是窮思維？哪些是富思維？為富思維打勾、窮思維打叉，並且問問自己，這些思維是從哪裡來？

受到電影與小說的影響，我們會看到某些角色被設定成奸商或無惡不作的富人，可能在不知不覺中，因為家庭因素而被植入許多金錢的潛意識。例如：有錢人都不是好東西、金錢是萬惡的根源、爸媽都是為了錢吵架，所以金錢是壞東西。

於是在追求財富的道路上，你的內心掙扎遠遠超乎想像，你一邊踩油門，一邊踩剎車，然後不斷打擊自己；理智上希望成為有錢人，情感上卻咒罵自己千萬不能成為有錢的渾蛋。

Step3：**將窮思維打叉，仔細檢驗是否找得出可以反駁的證據？**

如果可以，練習找出更多證據來破除讓你貧窮的謊言。

你會發現自己可能忘了：你其實可以成為一個富裕的好人，你可以利用金錢去幫助更多人、解決社會問題、達成你的夢想，或者，幫助別人達成夢想。

金錢不是萬能，卻能解決人生多數的問題。所以不要害怕談論金錢，也不要恐懼賺得你應得的收入，因為這市場向來公平且殘酷；你提供世界多少價值，你就配得多少收入。財富數字就像成績單，綜合評比我們各方面的能力，不論是專業能力、商業思維、技能才華、人脈關係等，最終都會呈現在我們的財富當中。

讀到這裡，內容可能有點出乎你的意料，我想分享的理財基本功並不是教你存錢、也不是教你記帳，而是強迫你開始面對過去自己對金錢的所有認知。了解金錢的本質，正是你邁向財富自由的第一步。

第一步 認識金錢
做好財務規劃，管理你的收入來源

第二步 用時間賺錢
打造你的黃金履歷，提高主動收入

第三步 用錢賺錢
堅守投資策略，做好資產配置

1-2
價值觀：
找出生命中最重要的財富

當我們釐清財富與金錢的關係以後，緊接而來的問題是「什麼才是最重要的財富」？每個人的資源有限，在意的事也不同，如果可以將資源集中在獲取真正在乎的人事物上，才可能感受到自己擁有所謂的「財富」。

因此，開始談論具體的理財方法前，我們必須繼續探索自己的內心，先找到人生價值觀的排序，再從中找出自己專屬的財務目標。

價值觀為什麼重要？

許多人即使設定財務目標卻沒有動力去調整與執行，這時就要回到最根本的問題上：「你的目標是對的嗎？這是你真心想要的嗎？」還是你假裝自己想要，其實只想跟別人一樣。

人生從來沒有標準答案，財務規劃也是，每個人的人格特質都不同，適合的做法也不盡相同，那麼應該怎麼找出最適

合自己的理財模式與財務目標呢？

答案是<u>釐清你的「價值觀」</u>。

從個人價值觀的選擇，可以直接應用在財務管理、職涯規劃、家庭生活，甚至是個人品牌、事業經營上。

只有順應內心深處的價值觀標準，在做人生的任何抉擇時才會既順流又愉快，你也才能夠節省大量的時間做決策，也更不容易隨波逐流，做出違心的決定，更容易在人生中的每個重大抉擇中，找到更適合自己的道路。因此，了解自己非常重要。

這也是為什麼我特別獨立一個篇章，陪大家共同探討這個課題，接下來會透過五大步驟，協助你找出自己的價值觀排序，跟著一起練習。

五步驟找出你最有感的價值觀排序

Step1：請從下表中任意圈選你喜歡的關鍵字，不限數量。

記住，價值觀沒有標準答案，也沒有優劣之分，唯一的標準答案是能觸動你的內心並產生共鳴。建議大家直接列印圖表1-1的價值觀表格先做練習。以下是蕾咪提供的個人範例，僅供參考，不是正解。

Step2：開始刪減，到最後只剩五到十個價值觀。

Step3：最後挑出三個價值觀關鍵字，並排出順序。

Step4：在選出的價值觀後面，寫句話補充「你為什麼

第一步 認識金錢
做好財務規劃，管理你的收入來源

第二步 用時間賺錢
打造你的黃金履歷，提高主動收入

第三步 用錢賺錢
堅守投資策略，做好資產配置

圖表1-1：價值觀量表

價值觀量表					
愛	憐憫心	專業能力	分享	秩序	改變
成功	金錢	旅行	能力	名留青史	歡樂
興奮	自然	連結	喜悅	果決	寬容
藝術	家人	休閒娛樂	效率	友誼	勇敢
社群	服務他人	創造改變	成長	正直	邏輯
快樂	領導他人	有競爭力	和平	有創意	順從
安全感	獨處	財務安全	傑出	歸屬感	禮貌
有意義的工作	時間	選擇	傳統	安全感	舒適
幫助他人	誠實	自由	愉悅	直率	成就感
信仰	知識	親密關係	健康	進步	和平
改變	被認同	成功	學習	關係	幸福
仁慈	貢獻	冒險	樂趣	才智	溫柔
誠信	啓發	獨立	熱情	承擔風險	溫暖
平衡	自尊	權力	舒適	負責	教育
歡笑	教導	發揮潛力	信任	家庭	自律
影響他人	穩定	智慧			

圖表1-2：刪減到最後挑出三個價值觀關鍵字（蕾咪示範）

價值觀量表					
(愛)	憐憫心	專業能力	分享	秩序	改變
成功	金錢	~~旅行~~	能力	名留青史	歡樂
興奮	自然	連結	喜悅	果決	寬容
藝術	~~家人~~	休閒娛樂	效率	友誼	勇敢
社群	服務他人	創造改變	~~成長~~	正直	邏輯
快樂	領導他人	有競爭力	和平	有創意	順從
安全感	獨處	財務安全	傑出	歸屬感	禮貌
有意義的工作	時間	選擇	傳統	安全感	舒適
(幫助他人)	誠實	(自由)	愉悅	直率	~~成就感~~
信仰	知識	親密關係	~~健康~~	進步	和平
改變	被認同	成功	學習	關係	~~幸福~~
仁慈	貢獻	冒險	樂趣	才智	溫柔
誠信	啓發	獨立	~~熱情~~	承擔風險	溫暖
平衡	自尊	權力	舒適	負責	教育
歡笑	教導	發揮潛力	信任	家庭	自律
影響他人	穩定	智慧			

覺得它重要？」

例如，蕾咪最後選擇的三個價值觀是：

❶ 愛：我喜歡與人為善、彼此照護的感覺，不論是友情、愛情或親情，對我來說都很重要。

❷ 自由：自由能讓我覺得快樂自在，並且不會感到窒息與被剝奪。

❸ 助人：幫助他人可以讓我感受到被需要與存在的價值。

在劃掉的過程中也許不容易。例如：我以爲自己愛的是旅行，但其實我愛的可能是自由；我以爲自己想要的是工作上的成功，但其實我發現自己的成就感來自幫助他人成功。

這也是我開始分享財務規劃知識與打造被動收入經驗的原因，因爲當我看著身邊的朋友們一個個逐漸因爲這些建議而過得越來越快樂時，自己也非常開心，希望你也能確實執行，體會這些觀念的威力。

Step5：最後，試試看擬定一些符合這些價值觀關鍵字的理想生活。

❶ 愛：我希望不受金錢限制，能夠盡情給予重視的人，像是情人、家人想要的生活。

❷ 自由：我希望擁有不受地域與時間限制的生活型態，可以選擇自己想要生活的國家。

❸ 助人：我希望擁有可以幫助他人成功的事業，因為這會為我帶來非常大的成就感。

第一步 認識金錢
做好財務規劃，管理你的收入來源

第二步 用時間賺錢
打造你的黃金履歷，提高主動收入

第三步 用錢賺錢
堅守投資策略，做好資產配置

這些理想生活，需要設定什麼樣的財務目標呢？數量化的功課這時候才開始。

❶愛：我希望不受金錢限制，能夠盡情給予重視的人，像是情人、家人想要的生活。

‧ 爸媽希望我多花時間回臺東老家陪伴他們，並且經濟無虞，不要讓他們擔心，每年安排OOO天回家。

‧ 過年紅包或是逢年過節，買些爸媽喜歡或需要的東西，讓他們可以隨時想到我，每年預算抓個OOO元。

‧ 希望可以提高月收入到OOO元，這樣爸媽退休後可以每個月給他們OOO元當退休金。

‧ 妹妹在臺北租的房子太破舊了，又沒有對外窗，感覺對身體不好，我負擔多一點到OOO元，租好一點的房子讓妹妹可以跟我一起住。

‧ 跟男友一起去歐洲小旅行幾天，旅費預計OOO元。

‧ 跟男友一起準備頭期款OOO元，共同規劃買房，在O年O月前買到價值OOO元的房子。

❷自由：我希望擁有不受地域與時間限制的生活型態，可以選擇自己想要生活的國家。

‧ 每週工作大約三天，其他時間可以做自己想做的事。

‧ 每年的幾月到幾月，旅居到OOO、OOO國家，預算大約OOO元。

第一步 認識金錢
做好財務規劃，管理你的收入來源

第二步 用時間賺錢
打造你的黃金履歷，提高主動收入

第三步 用錢賺錢
堅守投資策略，做好資產配置

- 我要做的是OOO類型的工作，這樣就不必被綁死，目標月收大概OOO元。
- 開始學習美股投資，為自己打造每個月OOO元左右的股利收入。
- 開始研究房地產租賃，了解怎麼將手頭的資金轉換為可租賃的資產，創造每個月OOO元的租賃收入。

❸ **助人**：我希望擁有可以幫助他人成功的事業，因為這會為我帶來非常大的成就感。

- 我曾經做過OOO、OOO事情，因此幫助他人成功，並為自己帶來收入。
- 我有這些技能可以幫助別人，例如：OOO、OOO與OOO等。

設定財務目標的真正意義

了解自己重視的價值觀以後，感覺如何？是出乎意料，還是如你預期？

有時我們寫下的目標往往不是內心追求的真正目的。比如，小陳、小張與小林三個人寫下相同的財務目標「賺到1,000萬」，他們都非常努力打拚，但是追求的目標真的一樣嗎？

單純以財務數字來看，或許可以說他們設定的目標相同，

但這說法只對了一半，真正的答案應該來自以下提問：「你為什麼想賺到1,000萬？」

小陳說，因為他希望趕快賺錢給家人買房子、給小孩付學費、給父母退休金，可以讓全家人無後顧之憂地過好生活。所以他要努力打拚賺到1,000萬。

小張說，因為他在貧窮的家庭長大，小時候常受到同學嘲笑，甚至覺得自己家境貧窮很丟人。所以長大後他發誓絕對要讓那些看不起他的人刮目相看，所以要賺到1,000萬來證明自己的價值。

小林說，他從小就有改變世界的夢，希望能成立基金會改變他看到的不公平，並且幫助那些需要的人。因此他要努力賺到1,000萬作為種子基金。

由以上例子可見，金錢的數字本身，其實並沒有意義。真正的意義在於你希望這筆錢能夠發揮什麼樣的價值，以及為你帶來什麼樣的生活？

當你設定財務「數字」目標以外，同時也具象化那些與價值觀有關的「財務目標」，才能找到真正改變自己的動力，也才能做正確的財務規劃，踏上財富自由之路；真正的財富自由，不只是賺取被動收入，而是能夠自由選擇做你喜歡的事來賺取財富，並且自由花費在你想要的地方上。

找不到財務目標？先列下100個夢想清單

　　找到人生當中最重要的3個價值觀以後，有人可能會發現自己的目標太過抽象，有人則是目標太多，充滿壓力，也有人覺得想不出人生有什麼追求。常常有人問蕾咪，如果還是不知道自己的財務目標是什麼，應該怎麼辦？

　　這時候，我通常給的功課很簡單。拿出一張白紙，從1寫到100，然後，填滿所有你直覺想要的任何人事物，寫滿為止。

　　職業不分貴賤，夢想也不分貴賤。

　　夢想不一定要非常偉大，人生就是由大大小小的夢想組成。

　　小男孩的夢想是變形金剛模型，大男孩的夢想是一輛藍寶堅尼；小姊姊的夢想是香奈兒名牌包，大姊姊的夢想是一間夢幻的自住房；爸爸希望升職，媽媽希望爸爸常回家吃晚餐；哥哥想追到喜歡的女生，妹妹想去日本玩……

　　別忘了，在撰寫夢想清單的過程中，小至喝杯星巴克，大至買下一棟上億豪宅，都不可以自我設限，把自己最真實的欲望寫下來，竭盡所能地寫，寫到毫無靈感為止。接著，挑出幾個小夢想來完成，並選出幾個中夢想當作近期目標，最後挑出幾個大夢想作為長期目標。例如：想吃吃看教父牛排、想買一條YSL口紅、想帶媽媽去新加坡玩五天、想買下總價1,000萬的房產、想打造年收破億的事業體。

　　當然，你突然靈光一閃時，隨時可以再回來補充夢想，將

第一步 認識金錢
做好財務規劃，管理你的收入來源

第二步 用時間賺錢
打造你的黃金履歷，提高主動收入

第三步 用錢賺錢
堅守投資策略，做好資產配置

每一個你想要在人生擁有的東西、關係與體驗都寫下來，因為金錢從來就不等於財富，金錢只有變成你喜歡的模樣那一刻起，才會成為生命中真正的財富。

因此，我想邀請你暫停閱讀，先將這張清單列出來，給自己一段時間，好好寫下自己的夢想清單吧！

以我的夢想清單為例，你會發現，表格裡列出的除了夢想的內容以外，還多了三個主要欄位，分別是時間、金錢、人物，這是因為人生多數的夢想都需要靠這些關鍵資源來達成，許多小夢想也並沒有我們想像中的花錢。

我的夢想清單曾經寫過：

圖表1-3：蕾咪的夢想清單範例

編號	夢想內容	時間	金錢	人物
1	日本藏王學滑雪、看樹冰	五天假期	5萬元旅費	和兩位熱愛滑雪的朋友達成
2	學習服裝設計	半年	10萬元學費	在實踐大學進修部達成
3	買一棟價值千萬的房子	花幾個週末的時間看房	250萬自備款	有買房經驗的親友陪同

盤點後你會發現，這些心願沒有大小之分，只要能讓我們感到幸福，都是值得實踐的夢想。

1-3
財務規劃：
建立專屬自己的行動計畫

第一步 認識金錢
做好財務規劃，管理你的收入來源

第二步 用時間賺錢
打造你的黃金履歷，提高主動收入

第三步 用錢賺錢
堅守投資策略，做好資產配置

　　社會上多數人從小被教育乖乖聽話念書，直到大學或研究所畢業、花了二十幾年在校學習，卻從畢業那一刻開始突然成為所謂的「大人」，必須為自己的生活負責。

　　學校裡沒有太多個人財富管理相關課程，然而我們的生活與工作全脫離不了金錢。等到工作幾年後才不禁感慨，為什麼明明就有工作賺錢領薪水，幾年下來手頭上卻沒剩多少錢，難道一生只能被工作綁架一輩子嗎？

　　我們重複上一代的生活模式：好好讀書→找個好工作→找個對象結婚→持續工作→賺錢養家→繼續工作→退休。買房擔心頭期款不夠、生了孩子擔心養不起、老了擔心中年失業……這真的是你想要的生活嗎？

　　接下來會一步步帶領你做好妥善的財務規劃，為自己的人生建立足夠穩健的財務安全網，不論你正值青壯年或老年，都能過上有品質的生活。

哪些人最需要財務規劃？

什麼是財務規劃？簡單說，就是透過正確理財知識與未雨綢繆的危機意識，將本身擁有的資源有效率地分配在對的方向，而非漫無目的花用；考量符合自身現實的財務狀況，藉由規劃善加運用金錢，創造理想的生活品質。

以下幾種人非常需要調整自己的財務規劃：

❶ **無計畫地花錢**：看到喜歡的、想要的，全憑感覺就衝動購買，往往等收到帳單時，才發現無法全額繳清，需動用信用卡分期付款，甚至負擔高額循環利息，戶頭總是月底前就見底。

❷ **被帳單追著跑**：失業時，發現自己頓失金錢依靠，於是只能將就打打零工，或是做不適合的工作，被錢逼著每天討生活。

❸ **沒有生病的權利**：一旦生病或發生意外，將負擔不起龐大的醫藥費，只能退而求其次，選擇較差的醫療品質。

❹ **無法累積資產**：想買房卻發現自己戶頭一點存款也沒有，只能摸摸鼻子羨慕朋友一個個買車買房、成家立業。即使存到自備款，卻發現貸款時仍然遇到困難。

❺ **投資股票，卻沒辦法安心睡好覺**：因為股市的漲跌而感到沒有安全感。

❻ **購買自住屋後生活品質嚴重下降**：經濟壓力甚至造成夫妻失和。

第一步 認識金錢
做好財務規劃，管理你的收入來源

第二步 用時間賺錢
打造你的黃金履歷，提高主動收入

第三步 用錢賺錢
堅守投資策略，做好資產配置

❼**有了家庭孩子之後**：不知道該怎麼分配金錢，經濟壓力變大卻不知道如何改善。

❽**退休之後**：發現要維持高品質的退休生活非常困難，坐吃山空讓自己非常有壓力。

設定財務目標

多數人在財務規劃過程中遇到的第一個問題，並不是如何存錢或分配預算，而是不清楚自己的財務目標是什麼。

許多人只是單純跟風，看著別人說存錢重要，就拚命研究存錢；看著新聞說股票大漲，就開始想著是不是該投資股票；甚者，聽見被動收入等於脫離工作，便開始打聽各種被動收入資訊。

然而，如果以這樣的出發點學習投資理財，就像是沒有目的地的一趟旅程，在陌生國家當中，既沒有地圖、也沒有目標，只會更加恐懼焦慮。

出乎多數人意料，財務規劃的第一步，答案不在新聞裡、不在課程裡、不在名師嘴裡、也不在書中，而是應該先問問自己：「你想過什麼樣的生活？」

為了幫助大家更快聚焦，我建議你先回答釐清財務目標的三個問題：

❶ **短期**：想盡速解決的財務問題。

❷ **中期**：三到五年內的財務目標。

❸ **長期**：其他長期的人生目標規劃。

在提供財務顧問諮詢服務的過程中，我發現來諮詢的客戶主要有幾種類型：

第一種，明顯陷入負債循環的人，可是因為沒有明確的財務觀念，所以不知道該怎麼減少債務，並且有效率地管理個人財務，或是對於理財本身懷有先天的恐懼。

第二種，高資產客戶，因為屬於專業人士或企業主，認為花錢去購買他人專業比自己花時間研究更有效率，因此多數希望可以尋求退休或現金再投資計畫，目的是持續累積資產。

第三種，一般上班族，但是厭倦朝九晚五的生活，未來有轉職或創業計畫，或是有意打造被動收入，希望可以有系統地提高本業與兼職收入，讓自己更有安全感。

第四種，自由工作者，由於收入不穩定，對於財務管理感到困擾，多數理財書多以固定月薪為教學基礎，但隨著時代趨勢的改變，接案的網路工作者越來越多。

第五種，人生規劃遇到重大變化，需要調整財務管理的方式，例如：結婚生子、創業轉職、買車買房、出國留學、加薪升職、退休等，都是常見面臨理財規劃方式調整的時機點。

第一步 認識金錢
做好財務規劃，管理你的收入來源

第二步 用時間賺錢
打造你的黃金履歷，提高主動收入

第三步 用錢賺錢
堅守投資策略，做好資產配置

　　隨著人生階段的不同，每個人短期內想解決的財務問題也不盡相同，別人的方法不一定適合你，這本書會提出幾種常見的財務問題與解決方案，且大多經過實務驗證可行，歡迎大家選擇適合自己的部分執行。

　　回歸正題。先寫完你的財務目標後，再繼續接著往下看吧！

　　以下提供簡單的範例供大家參考：

❶短期：想盡速解決的財務問題 —— 減少卡債。

❷中期：三到五年內的財務目標 —— 買到自住房。

❸長期：其他長期的人生目標規劃 —— 財務自由。

　　這樣的答案還不夠，接下來還要練習寫得更精確一些，把「數字金額」寫上去：

❶短期：想盡速解決的財務問題 —— 還清20萬卡債。

❷中期：三到五年內的財務目標 —— 買到自住房，總價1,000萬。

❸長期：其他長期的人生目標規劃 —— 每個月被動收入六萬元，達到財務自由。

　　在投資理財的規劃中，最不能忽略的兩個重要數字，就是金額與時間。

　　金額明確後，把「時間點」列出來：

❶ 短期：想盡速解決的財務問題 —— 今年年底前，還清20萬卡債。

❷ 中期：三到五年內的財務目標 —— 三年內，買到自住房，總價1,000萬。

❸ 長期：其他長期的人生目標規劃 —— 十年內，打造每個月被動收入六萬元，達到財務自由。

由管理學大師彼得·杜拉克在1954年提出的「目標設定SMART原則」，是我個人非常推薦的目標管理工具，不只是財務，也推薦大家在職涯、公司事業、健康管理目標等，都可以練習使用，讓你的財務目標更具體。

S=Specific，精確具體。

M=Measurable，可衡量的。

A=Attainable，可達成的。

R=Relevant，與其他目標有相關性。

T=Time-based，有明確的截止期限。

舉例說明：

我的中期目標：買房。

明確化：買到兩房一廳自住用的房子。

可衡量的：希望總價在1,500萬左右。

可達成的：大約準備兩成300萬自備款。

具備相關性：選在臺北市工作地點附近。

有截止期限：預計三年內達成。

透過以上步驟，在釐清財務目標這一步的關鍵，你就可以學會「設定好明確並且可達成的目標」。

檢視個人財務狀況

設定好目標以後，釐清你現在的財務狀況就成了最重要的事，現在就開始清點手上所有存摺、收入、資產現況、現金、保障、常態性支出、負債等，盤點並寫下個人的資產負債表。多數人對自己的收入、資產及負債情形大概心裡有底，但若平時沒記帳，通常不清楚自己的支出狀況。

支出反映出你的生活型態，怎麼用錢代表怎麼生活，也能反映出你個人的價值觀。面對現況是解決問題的第一步，才能知道該怎樣走向未來。你在填寫資產負債表的過程中可能會發現，原來心目中理想生活模式的開銷，比想像中低上許多！

以下表格是我做財務顧問時提供給客戶的基本格式，填寫後就可以快速釐清個人的財務狀況與目標。

第一步 認識金錢
做好財務規劃，管理你的收入來源

第二步 用時間賺錢
打造你的黃金履歷，提高主動收入

第三步 用錢賺錢
堅守投資紀律，做好資產配置

圖表1-4：常見的個人資產負債現況清點格式範例（含家庭）

【基本資料】				【基本資料】			
個人資訊		家庭成員年紀		每月現金流 =			
暱稱		父		收入		支出	
性別		母		本人收入		生活費-食	
年齡		夫		配偶收入		生活費-衣	
職業		妻		其他收入		生活費-住	
居住地		子				生活費-行	
工作地		女				儲蓄	
		其他				醫療費	
		居住房屋				教育支出	
		自有				其他	
		租屋					
		宿舍					
		其他					

【年度收支狀況】				【家庭資產負債表】			
年度現金流 =				資產淨值 =			
收入合計		支出合計		收入		支出	
本人年終獎金		所得稅		現金		消費性貸款	
配偶年終獎金		房屋稅		活存		信用卡卡債	
存款利息收入		地價稅		定存		房屋貸款	
股息股利收入		汽機車牌照稅		股票		汽車貸款	
兼差收入		汽機車燃料稅		基金		互助會死會	
其他		人壽保險費		互助會		其他	
		產物保險費		債券			
		其他		黃金			
				收藏品			
				自住房地產			
				投資房地產			
				珠寶首飾			
				汽車			
				其他			

接下來依據以上表格做深度剖析，各項資訊到底有何意義？

個人資訊：

暱稱： _____ （為了保護客戶隱私，通常填寫暱稱即可。）

性別： _____ （社會往往賦予不同的性別期待，像是生理性別對人生規劃的考量。）

年齡： _____ （年齡通常與生涯規劃時程有關，包含在校求學、成家立業、養兒育女、退休樂活等階段。）

職業： _____ （職業屬性，通常也代表此人的生活型態、過往經歷累積的人脈資源、固定上下班時間，以及可承擔的投資風險。）

居住地： _____ （求職與買房通常與居住地相關。）

工作地： _____ （工作地與原生家庭的遠近，也會對財務狀況產生不同影響。）

填寫完個人資訊後，接下來填寫家庭成員概況。家中成員多寡，事關一個人的經濟責任大小，因此我建議將具有扶養責任的相關家屬與年紀寫上去，即使非直系親屬也無妨。

家庭成員：

父、母： _____ （是否有家庭扶養責任或其他資金來源？）

夫、妻： _____ （是否有共同負擔家庭經濟支出或其他資金來源？）

子、女： _____ （是否有扶養責任、教育支出或其他衍生開銷？）

其他： _____ （是否有親友關係，與自己的財務收支有所關聯？）

第一步 認識金錢
做好財務規劃，管理你的收入來源

第二步 用時間賺錢
打造你的黃金履歷，提高主動收入

第三步 用錢賺錢
堅守投資策略，做好資產配置

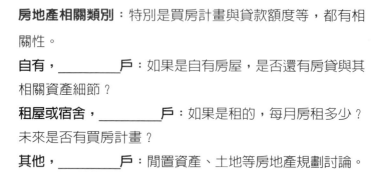

房地產相關類別：特別是買房計畫與貸款額度等，都有相關性。

自有，_____戶：如果是自有房屋，是否還有房貸與其相關資產細節？

租屋或宿舍，_____戶：如果是租的，每月房租多少？未來是否有買房計畫？

其他，_____戶：閒置資產、土地等房地產規劃討論。

在財務三大報表中，包含了資產負債表、損益表與現金流量表；每月收支狀況可以看作損益表，而每月現金流就是流量表的範疇了。在個人理財規劃中，我們大多透過觀測個人收支表（損益表）與個人資產負債表來了解整體概況。

如果你希望打造被動收入，就必須開始有「現金流」的概念，明確地理解自己的收支概況、資產負債，以及有意識地增加現金流量收入，這正是加速財務自由的基本功夫。現在就開始練習填寫自己最近一個月的收支概況，越清楚越好。

年度收支通常著墨在我們平時可能忽略的年度大筆開銷，例如：稅金、保險費等，也能有效地將非固定薪資、年度獎金、投資收入等一同納入財務規劃。

圖表1-5：個人資產負債現況清點（含家庭）── 每月收支狀況

每月收支狀況			
年度現金流 =			
收入合計		支出合計	
本人收入		生活費──食	
配偶收入		生活費──衣	
兼差收入		生活費──住	
投資收入		生活費──行	
		儲蓄	
		投資	
		醫療費	
		教育支出	
		其他	

圖表1-6：個人資產負債現況清點（含家庭）── 年度收支狀況

年度收支狀況			
年度現金流 =			
收入合計		支出合計	
本人年終獎金		所得稅	
配偶年終獎金		房屋稅	
存款利息收入		地價稅	
股息股利收入		汽機車牌照稅	
兼差收入		汽機車燃料稅	
其他		人壽保險費	
		產物保險費	
		其他	

第一步 認識金錢
做好財務規劃，管理你的收入來源

第二步 用時間賺錢
打造你的黃金履歷，提高主動收入

第三步 用錢賺錢
堅守投資策略，做好資產配置

藉由明確的釐清資產現況，能為我們帶來許多重要訊息，知道如何往下一步進行財務規劃。

　　接著透過資產負債表，我們得以先開始進行資源分配的調整；如果是以打造被動收入為目標，則會協助各位製作富爸爸版的個人現金流量表，藉此釐清並鎖定以增加非工資收入為目標，而這又是另一套功夫了。本書在此先以完成資產負債表為主要目標。

圖1-7：個人資產負債現況清點（含家庭）—— 家庭資產負債表

家庭資產負債表			
資產淨值 =			
資產合計		負債合計	
現金		消費性貸款	
活存		信用卡卡債	
定存		房屋貸款	
股票		汽車貸款	
基金		互助會死會	
互助會		其他	
債券			
黃金			
收藏品			
自住房地產			
投資房地產			
珠寶首飾			
汽車			
其他			

讓財務規劃行動更確實執行

清點完個人與家庭的資產負債現況，就會進入計畫執行階段，來聊聊我個人非常愛用的「PDCA管理流程」，這也是我在執行個人財務規劃的過程中經常使用的自我檢視方法。

就像學生被灌輸念書的目標是拿高分、考上好學校，在學期間就會透過各科目的測驗考試來檢討哪裡該加強，以提高成績，好進入理想志願。其實這樣的過程即使出了社會也沒有改變，我們在校的學習重點不只是書本中的知識，更多的是「如何透過有限的資源，達到理想目標的方式」。這個過程包含：設定目標→實際執行→檢視成果→改善行動→繼續往目標邁進。

一言以蔽之，我們可以用常見的PDCA管理流程來設定目標與優化：計畫（Plan）→執行（Do）→檢核（Check）→改善行動（Action）。

圖表1-8：PDCA管理流程

第一步 認識金錢
做好財務規劃，管理你的收入來源

第二步 用時間賺錢
打造你的黃金履歷，提高主動收入

第三步 用錢賺錢
堅守投資策略，做好資產配置

計畫（Plan）：如何設定有效的行動計畫？

當你對現況不滿時，最好的方式就是開始竭盡所能幻想自己理想的目標；接著從三年目標開始設定行動計畫，逐步拉出各年度目標，甚至是中長期的五年目標與行動計畫。

例如：在三年內達成非工資收入，平均每月三萬以上。

訂定這個目標後，行動計畫應該怎麼設計呢？

❶時間：回推目標並分年度拆解

三年要達成，是不是平均每年增加1萬／月，第一年1萬／月（12萬／年），第二年2萬／月（24萬／年），第三年3萬／月（36萬／年），這樣需要多少本金與報酬率呢？你就可以推估出來。

若算出來的本金與報酬率依現況是不可能實現的，就退而求其次將目標往下設定。從0到1的非工資收入總是最困難達成的，若第一年：1萬／月很難，那麼調整為第一年：5千／月或3千／月呢？

❷資源：盤點自己手頭的資源有哪些？

從你過往的學經歷、職業背景、人脈關係等，甚至是手頭現有的資產，都可能是可以為自己創富的重點資源。過去的學經歷背景，是否有其他變現的管道與機會？你的職業能否為你累積他人帶不走的可貴資源？

多和朋友交談，甚至和擁有財富的人交流想法，或許就能為自己帶來不同的啟發。

第一步　認識金錢
做好財務規劃，管理你的收入來源

第二步　用時間賺錢
打造你的黃金履歷，提高主動收入

第三步　用錢賺錢
堅守投資策略，做好資產配置

❸工具：適合創造財富的工具有哪幾種？

股票／基金／房地產／債券／保險／借貸平臺／自行創業——選定工具後展開行動，定期檢討，逐步完善。除了將心力都放在工作本業的傑出表現之外，也應該好好執行自己的人生專案，思考各種不同的可能性，這會爲你帶來不可思議的超額報酬。

執行（Do）：開始大量執行，思考每天要做的事。

設定好明確目標，並且實際盤點現有資源後，下一步就是大量的執行了！許多人爲什麼始終無法得到自己想要的生活？原因就是經常忽略PDCA循環中執行（Do）這個步驟，有的人選擇拚命計畫（Plan），然後檢查計畫是否完美（Check），卻一直遲遲不肯執行；有的人選擇不停的檢查，不停調整，但是都不敢進入執行階段。

因此，練習把大目標切割成小目標，把小目標切割成每天日常的行動。

1.寫下大目標。

2.將大目標切成許多小目標。

3.將小目標安排在日常中。

檢核（Check）：
檢討計畫與成果，是否往正確的方向前進

執行計畫當中的檢核（Check）正好呼應著「目標設定SMART原則」中的可衡量（Measurable）原則，透過追蹤數據，確保自己一直往目標前進。在這個階段只需要定期追蹤即可。

相信大家在職場中常會聽見「關鍵績效指標KPI」（Key Performance Indx）這個名詞，我們所有的財務目標與夢想都可以精準量化，設定明確的KPI數據，數據越明確越好。

多數人在財務諮詢的過程中，最常遇到的問題是「不敢面對現實」，於是對於自己的財務狀況充滿未知，而未知帶來不安，不安帶來恐懼，一天拖著一天，只能看著自己落入負債循環或是窮忙迴圈。

事實上，想要成為金錢的主人，即使是一塊錢都可以練習掌握清楚。數字越明確，越可以讓人感到安心。套一句至理名言：「面對它、接受它、處理它、放下它。」只要開始學會面對自己真實的財務狀況，你就已經成功一半了。

改善行動（Action）：針對目標落差原因修正與調整

我們是否曾經遇到這樣的情況，五年、十年過去了，看著有人越來越飛黃騰達，而有人卻一成不變，時間竟能產生如此大的差距，到底是從哪裡開始發生的？

在PDCA管理流程中，最後一個A是改善行動（Action），

也就是針對每次執行的結果再做出修正，確保下一次執行能比這次做得更好。就是這麼一個微小有意識的改變，套一句《複利效應》所說的：「每天1%的成長，一年就能相差37倍。」

你不用想著「改善」是大幅度的改變，我們的大腦非常安於舒適圈，所以過大的變化都會造成嚴重的反彈，甚至讓人感到挫敗痛苦，因此每次改變一點點就好。

例如：想要改善理財習慣，可以先從錢包開始。一開始，只是先將不常用的信用卡移出錢包。過一陣子之後，每天晚上睡前把發票拿出來。再過一陣子，發票拿出來以後，看一下大約花了多少錢。這樣積少成多，自然而然就能培養出金錢管理的意識。

以此類推，在擬定財務行動計畫時，通常包含以下四個重點：

❶ 收支管理：常見的三信封理財法與六罐子理財法、記帳理財、存錢儲蓄、刷卡借貸、信用卡管理、帳單繳費等都屬於這個範圍。

❷ 投資管理：資產配置、投資房地產、基金股票、期貨選擇權、創業、甚至收藏品珠寶等都屬於投資管理範圍。

❸ 風險管理：保險規劃，舉凡勞工保險、國民年金、全民健保到商業保險，如何善用小錢來為自己轉嫁風險是重要的功夫。

❹ 稅務規劃：隨著收入來源多樣化，我們的財富可能會快

速增加，做好妥當的稅務規劃可以為自己省下不少開支。

　　總結第一步到目前為止的重點，從了解金錢管理的重要性來學習設定財務目標，清點個人資產，我們可以知道財務規劃是一連串有邏輯的步驟，可以協助每個人朝著自己理想的生活邁進。接下來會繼續分享每一個階段該怎麼操作，以及相關的知識，讓你們都能成為自己或家庭的財務顧問。

1-4
不再爲錢煩惱的現金流管理術

第一步 認識金錢
做好財務規劃，管理你的收入來源

第二步 用時間賺錢
打造你的黃金履歷，提高主動收入

第三步 用錢賺錢
堅守投資策略，做好資產配置

　　相信大家都對《伊索寓言》裡「生金蛋的雞」這個故事不陌生，在投資理財的觀念當中，農夫「殺雞取卵」的行爲就是把錢母給花掉了。那麼，什麼才是錢母？什麼才是能幫我們生金蛋的雞呢？

　　一般常見的做法不外乎是能夠賺取股利的股票、能夠賺錢的事業體，以及接下來帳戶理財法裡提到的三信封理財法的「投資信封」，或六罐子理財法的「財務自由罐」，因爲投資本金就是我們的金雞母，可以拿來投資自己、腦袋、股票、房地產，任何能夠幫助你賺取更多收入的標的。讓我們越來越有錢的理財法都架構在一個共通的核心觀念上，那就是每個月一定要保留一點錢母下來，不輕易花掉。

帳戶理財法

三信封理財法，讓我從此不再為錢煩惱

三信封理財法是蕾咪認為最適合初學者入門的理財方式，透過這種簡單方法就可以學會理財規劃最重要的兩個觀念：「預算分配」與「專款專用」。

將每月薪水分為「投資」「儲蓄」與「生活費」三個帳戶：投資帳戶是為了幫助自己錢滾錢而準備，儲蓄帳戶自然就是我們的夢想基金，那麼每天離不開的生活開銷，就得想辦法如何更聰明消費。

大家常常忽略的是，順序很重要：投資>儲蓄>生活。

假設以月薪3萬為例，計畫每個月投資月收入的10%（3,000元），儲蓄1萬元。收到薪水的第一件事情就是先將3,000元放入投資帳戶，另外將1萬元立刻放進儲蓄帳戶定存，最後，剩下的才是可以花掉的錢；這樣的順序可以確保我們留下投資本金，並且留得住錢，不會不知不覺花掉。

最基礎的三信封做法就是將金錢直接除以三，平均分配。我以前還是理財新手時，第一個使用的理財方法就是三信封理財法。當時我月薪不到3萬，就傻傻地土法煉鋼照著做，假設月薪實領24,000元，投資8,000、儲蓄8,000、生活費8,000；當時的投資帳戶裡頭，每個月5,000元定期定額購買基金，剩下的3,000元作為學費，在下班後買書或上英文課進修。領到薪水的第一件事就是去銀行存定存，而為了讓生活費可以壓

在8,000元以內，我一開始租在3,000元的小閣樓，後來才換成5,000元的租屋，餐飲部分則以便宜的公司餐解決。

因為經歷過這樣的過程，我深信不論你現在收入多少，都有機會開始學理財。如果本薪真的太低，可以選擇多兼差，先照顧好自己的生活所需為優先。

為了簡化三信封理財法的複雜度，推薦大家可以善用銀行預約轉帳與零存整付的功能，辦理好自動分流，並且自動扣繳帳單，並且利用零存整付的機制，達到自動儲蓄的效果。具體做法是讓每一筆錢進入薪資帳戶後，自動分流成定存、投資、開銷等三種類型，分別放在不同的帳戶操作。其中，生活帳戶可以將所有帳單設定好自動扣繳；定存可以零存整付或三年儲蓄險；投資本金專用帳戶就開通好外匯、股票、黃金等相關投資功能。利用銀行提供的功能來幫助自己自動化理財，就可以為自己省下大量的管理時間。

六罐子理財法，讓我身心平衡、財富自由

理財的過程讓我人生獲益良多。其中出自《有錢人跟你想的不一樣》的六罐子理財法，是我認為最能幫助個人平衡生活的理財方式，比起單純的存錢儲蓄、投資致富，它更全面地討論生活各方面，並學習先支付給自己，再支付給別人。

為什麼要強調先支付給自己？包含投資、教育、儲蓄、玩樂，都是先支付給自己的資金；簡單來說，都是讓我們變得更好的資金；投資——變得更有錢；教育——變得更優秀；

儲蓄──實現未來的夢想；玩樂──變得更快樂。

支付給別人呢？那些看似討人厭的帳單其實正是別人替我們完成服務，為此而支付出去的費用。因此不如抱著感謝的心情支付自己的餐飲、房租、交通、水電等生活開支，感謝他們讓我們過著現在的生活。

不只可以在財富上慢慢地、更具體地掌握自己的目標，從用錢方式本身就可以反映出每個人的價值觀，更是了解自己的一種方式；學會怎麼配置手上的金錢，就等同於選擇了怎麼配置你的生活。

其實，人生大部分的目標透過三項資源就可以辦到：

1.金錢 → 物質的單位。

2.人脈 → 感情的單位。

3.時間 → 生命的單位。

只要湊齊這三項資源，大部分的夢想都可以實現，只是或大或小而已。舉例來說：人不能死而復生，因為這個夢想需要的「時間」已經被死去的那個人所耗盡。這三項資源集中在哪些地方、哪些等級，也幾乎等同於你人生的樣貌，沒有太多的意外。因此在我的觀念裡，理財第一課應該是「預算分配」；學會分配金錢非常重要；又為了讓自己的分配合理且易於執行，透過記帳了解支出是很好的方式。

別說得那麼難懂，預算分配其實就是「學會怎麼花錢，花得乾乾淨淨，一滴不剩。」

第一步 認識金錢
做好財務規劃，管理你的收入來源

第二步 用時間賺錢
打造你的黃金履歷，提高主動收入

第三步 用錢賺錢
堅守投資策略，做好資產配置

蕾咪自己曾經乖乖執行記帳一、兩週，但是在找到適合自己的金錢分配方式後，就不需要執行太過細微末節的記帳，只要透過預算掌握好金錢流向即可；我通常會建議新手使用三信封理財法或六罐子理財法，將每一塊錢分配得徹徹底底，知道並執行各自的任務。

蕾咪喜歡的六罐子理財法，公定的分配比例如圖表1-9所示；其中，前面四個帳戶是支付給自己的帳戶，後面兩個才是支付給別人的帳戶。

以我還是月薪三萬的社會新鮮人時為例，可以看到圖表1-9的金錢比例分配，把每月3,000元定期定額投資基金，並且報名英語與商業課程，偶爾用玩樂基金小旅行、按摩或吃大餐，將生活必須開銷，包含房租、水電費、餐飲交通等，控

圖表1-9：月薪3萬，用六罐子理財法分配

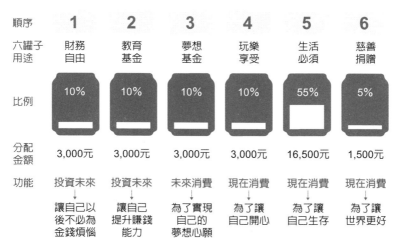

順序	1	2	3	4	5	6
六罐子用途	財務自由	教育基金	夢想基金	玩樂享受	生活必須	慈善捐贈
比例	10%	10%	10%	10%	55%	5%
分配金額	3,000元	3,000元	3,000元	3,000元	16,500元	1,500元
功能	投資未來↓讓自己以後不必為金錢煩惱	投資未來↓讓自己提升賺錢能力	未來消費↓為了實現自己的夢想心願	現在消費↓為了讓自己開心	現在消費↓為了讓自己生存	現在消費↓為了讓世界更好

制在55%以內，每個月定期的捐款或是紅包支出，就用5%的慈善捐贈罐支付。

特別注意一點，如果想讓資產有效累積，六罐子理財法當中的順序非常重要，金錢當然要先花在自己身上，包含讓自己的專業更強、買下夢想與讓自己開心，最後再付給別人薪水，像是那些讓你有房子住、幫你開車、買菜、做菜、端盤子的服務。大部分開始使用六罐子理財法的人，可以依照基礎比例執行，也就是30%支付給自己，70%支付給別人；別忘了，如果我們總是先支付給別人，我們就是在為別人工作，因此要盡快調整成以先支付給自己、以你為核心的理財方式。

隨著生活改變，特別是月收入增加以後，你就可以開始將

圖表1-10：月薪10萬，用六罐子理財法分配

順序	1	2	3	4	5	6
六罐子用途	財務自由	教育基金	夢想基金	玩樂享受	生活必須	慈善捐贈
比例	30%	10%	20%	10%	25%	5%
分配金額	30,000元	10,000元	20,000元	10,000元	25,000元	5,000元
功能	投資未來↓讓自己以後不必為金錢煩惱	投資未來↓讓自己提升賺錢能力	未來消費↓為了實現自己的夢想心願	現在消費↓為了讓自己開心	現在消費↓為了讓自己生存	現在消費↓為了讓世界更好

前面的罐子分配比例增加，盡可能減少生活必須開銷比例，財富倍增的速度也會越來越快，更快達到財務自由。

假設以月薪10萬為例，如果是我，就會設法讓支付的比例跟月薪3萬時相比是反過來的，70%支付給自己，30%支付給別人。

隨著收入提升，我的分配比例改變了，但六罐子理財法的原則並沒有變，重點在於：為了能更早達到財富自由，我並沒有因為收入增加而等比例地增加自己的生活必須開銷，而是將「生活必須罐」控制在25,000元、薪水四分之一的比例以下。

最明顯的例子是我在月薪3萬時，選擇的是5,000元的雅房，而在月薪10萬時，換到月租10,000元的套房，的確，生活品質提升了，但仍將生活開銷控制在一定比例上。

在財務自由罐上面，每個月只有3,000元時可能只可以買買書或共同基金，但是當每個月有額外的30,000元可供投資時，我的投資標的就開始變成股票或美股ETF；教育基金罐只有3,000元時，我可能只花得下去政府補助的課程，到了每月10,000元時，我就開始認真考慮每堂幾萬元的專業管理顧問課程；剛開始的小夢想可能是存到遊學的10萬元，現在的夢想可能是存到一筆買房的自備款；玩樂享受罐，從單純與朋友吃吃大餐，到後來可以每年出國兩次到歐美旅行。

雖然享受變多了，但是只要控制比例，資產累積的速度並不會因此變慢。

多數人犯的理財錯誤，是在月薪2萬時把2萬花完；月入3萬

時把3萬花完；總想著等到自己有錢再開始理財，但是等到月入10萬時，卻也慣性地把10萬花完，成爲名副其實的高薪月光族。

更殘忍的是，除非你有意識地投資自己、增加職能，否則不太可能有明確的收入增幅，多數人是月收兩、三萬，經過五年、十年都維持相同的薪資，眞的有幸讓薪資定期成長的人，都是經常分配一定資金與時間，自我進修的人。

所以，不要再傻傻地相信「等我有錢再理財」了，因爲你可能等不到那一天；那些你眼中所見變得越來越有錢的人，不管他們有意識或無意識，他們都是樂於投資自己的人。

提到六罐子理財法，大家可能第一個反應會覺得「喔～好麻煩喔！還要把錢分這麼細」。然而這就跟經營一家公司一樣，公司有生產、行銷、研發、營運、福利等這麼多部門，每個部門都有專門的預算，並且互不干涉；你的人生也該像一間井然有序的公司，每個部門各司其職，將各自負責的資源發揮到最大化。

建議善用銀行提供的功能來理財，如預約轉帳，做好自動化分流。雖然一開始設定要花點時間，但是平常只需關心生活費帳戶就好，每個月都可以盡情的花光那個戶頭的錢；到了年底，玩樂帳戶也會幫我存到足夠的旅遊基金，讓自己年底度假出遊；如果看到想學的課程，只要教育帳戶有錢可用，就不會猶豫；當看到想要的投資標的，平時已自然累積本金，想要出手時，也不會超出能力承擔範圍。

讓理財瑣碎的事務自動化，我們就只要聚焦在「把錢花光」與「投資」兩件事就好。

不同角色身分的帳戶理財法

了解以上常用的分帳戶理財法後，你可能會發現這些方法都建立在「每個月有穩定收入」的基礎，可是在現實生活中，我們可能會有各種不同的情境，包含夫妻理財、家庭理財、收入不穩定的自由業理財，甚至創業時期該如何爲自己做好財務規劃。

在這裡，蕾咪針對常見的情境做觀念分享，幫助你們也能輕鬆應用三信封理財法或六罐子理財法在自己的生活當中。

夫妻理財：兩個人怎麼一起理財最恰當？

在我的財務諮詢當中，夫妻理財是常見的個案，因爲隨著金錢觀不同，可能會產生更多夫妻間的其他問題。我還曾經遇過一對夫妻原本已經分居，打算離婚，後來解決財務溝通問題以後，兩個人又和好如初！金錢雖然不能解決所有問題，但是，我們至少能透過學習理財，解決金錢可能帶來的問題，情侶也可以參考喔！

先說結論，我認爲夫妻理財沒有標準答案，唯一的標準就是「雙方的共識」，因此，溝通時以雙方感到舒服的理財方式爲原則，沒有眞正最好的答案。夫妻理財模式不外乎三

第一步 認識金錢
做好財務規劃，管理你的收入來源

第二步 用時間賺錢
打造你的黃金履歷，提高主動收入

第三步 用錢賺錢
堅守投資策略，做好資產配置

種：一、統一管理；二、各管各的錢；三、開設共用帳戶。大家看過以下分析後，可以選擇適合自己的方式。

第一種模式「統一管理」最單純，將兩人收入直接混合在一起，由一個人負責統一管理，許多傳統夫妻由男方打拚、女方管家，就可能使用這種模式。可以將兩個人視為同一個單位，直接套用帳戶理財法來管理各種開銷，不管是三信封理財法或六罐子理財法都很適合，生活開銷就統一由生活費帳戶扣款，如果要一起玩樂出遊或是進修學習，就可以再從玩樂基金或教育基金當中扣款。

第二種模式「各管各的錢」類似AA制，原則上彼此不了解對方的財務狀況，但在共同生活支出部分，就由雙方約定好各自負擔什麼項目即可。比如說，男方負擔房租，女方負擔水電管理費與家居用品；男方負擔約會時的飯店、交通費，女方負擔餐飲費。現在講求男女平等，享有各自的隱私，所以這也是非常受歡迎的方式之一。特別注意的是，如果對方有隱藏的負債或財務困難，另一方可能也會不得而知。

第三種模式「開設家用共同帳戶」介於統一管理與AA制之間，雙方各自從收入當中提撥一定比例匯進共同帳戶。如同自己的個人收入可以透過帳戶理財法來分類，兩個人的家用共同帳戶也可以用帳戶理財法來分類用途，確保彼此開銷不會失衡。實務上，家用帳戶通常以共同的開銷為主，也就是生活必須開銷與玩樂基金，如果有共同購屋計畫，也可以設立專門的夢想基金帳戶，而雙方可以各自安排自己的投資預

算與教育基金。

根據經驗，多數夫妻在情侶期間建立的理財模式，容易延伸到夫妻時期的理財方式，最大的差別在於法律上夫妻間的財產相依性更高，因此如果有隱藏負債，建議還是雙方共同討論，一起面對，才能有效減少金錢帶來的問題。

家庭理財：有孩子後如何調整？

許多父母在有了孩子以後，因為什麼都想給孩子最好的，不知不覺超出自己的能力消費，讓財務狀況失控，甚至忙活了大半生，在中老年時才發現沒有留下什麼退休金給自己。孩子才剛出社會，自己又逐漸老去，卻沒有能力安心退休。

在理財規劃中，我推薦大家開設小孩專用帳戶，將孩子視為一個獨立的個體，而非自己的附屬品。如果是小孩領取的補助、紅包錢，都可以存進獨立帳戶，甚至可用裡頭的錢為孩子投資適合存十到二十年的穩健型股票。

保單規劃也以幼兒保單價格最便宜，一般來說我非常不推薦成年人購買二十年終身險，但是以孩子的保單來說，如果行有餘力，二十年終身醫療相關保險繳完後孩子剛好成年，可以作為最好的成年禮。

不過話說回來，有了孩子也別忘了為自己做打算。在這裡蕾咪想來聊聊，有了孩子後，到底應該怎麼納入家庭中的財務規劃呢？先問問自己以下幾個問題。

第一步 認識金錢
做好財務規劃，管理你的收入來源

第二步 用時間賺錢
打造你的黃金履歷，提高主動收入

第三步 用錢賺錢
堅守投資策略，做好資產配置

Q1. 我計畫幾歲退休？

Q2. 我希望撫養孩子到幾歲？

Q3. 對孩子的教育有什麼計畫？

圖表1-11：小孩基金規劃預算表

年度	爸爸年紀	媽媽年紀	小孩年紀	主要階段	每年預算
2021	30	28	0	孕期階段	
2022	31	29	1	保母費	
2023	32	30	2	保母費	
2024	33	31	3	幼兒園	
...	...	...	...	...	
...	48	46	18	大學學費	
...	52	50	22	大學畢業	
...	53	51	23	父母退休	

　　小孩基金規劃表的預算填寫方式並沒有標準答案。有的父母希望孩子就讀私立學校，有的父母希望栽培孩子出國念書，也有父母希望孩子十八歲以後就能自立，對於孩子的計畫會大大影響許多父母的開銷模式。因此，如果可以提早做好調查，知道自己在每個階段的開銷大約多少，就能大幅減少力不從心或意料之外的情況發生，也能對自己的財務能力更有自信。

　　最不好的狀況是父母長期以孩子的支出為主，忘了同時也要持續培養自己的競爭力，進而在中年失業，面臨再次就業

第一步 認識金錢
做好財務規劃，管理你的收入來源

第二步 用時間賺錢
打造你的黃金履歷，提高主動收入

第三步 用錢賺錢
堅守投資策略，做好資產配置

的困難；或是，忘了幫自己預備養老金，在孩子一出社會後就可能給孩子過大的壓力，進而造成親子關係失衡。

因此，如果有了孩子，建議審慎看待這至少二十年的開銷分配。以一般家庭來說，孩子整體開銷最大的年紀在六歲以前與大學期間，開銷最低的年紀則在國民義務教育的七到十五歲之間，應該趁著自己青壯年時期經濟能力最佳、孩子也開銷不大的年紀時，大量累積資產，以備老年不時之需。

自由業理財：收入不穩怎麼理財？

除了一般的上班族以外，事實上像是業務員、接案者、創作者、演藝人員、自媒體經營者等，大都屬於月收入不穩定的族群，因此，傳統三信封理財法的固定比例分配可能會讓他們產生困擾，常常有時候收入少得可以，有時候又突然多了很多錢，在這樣起起伏伏的過程中找不到理財的紀律。其實，只要一個小小的技巧，就能讓帳戶理財法也能運用在自由業中。

自由業者其實是創業開公司的前奏，差別只在於經濟規模大小。所以，我們可以練習將自己的工作室視為一個獨立帳戶，並將自己視為一名員工，每個月固定發薪水給自己，在年底時再根據績效發給自己年終獎金。工作室帳戶的餘額則視為周轉金，和私人生活開銷完全分開。

現金流會像這樣：客戶→ 工作室收款帳戶 → 自己的薪轉戶 → 信封理財法。

只要中間多設一個專用的工作室收款帳戶，就可以把匯進自己的薪轉戶的「薪水」直接套用帳戶理財法，達到跟一般上班族一樣預算分配與專款專用的功能，也能降低因為淡旺季差別、收入忽高忽低的不安全感。

　　以小咪這名自由接案者為例，她的專案客戶款項都是二至三個月結案週期，因此在淡旺季期間收入有高有低，有時比10萬多，有時候又低到不滿5萬元，因此讓她遇到理財規劃上的困難。這時就可以假設以五萬為基準，作為小咪每月收入的基準值。

圖表1-12：自由業者小咪的理財規劃

月分	工作室 本月收入	小咪 自由業收入	工作室 帳戶餘額	備註
1	70,000	50,000	20,000	
2	200,000	50,000	170,000	
3	100,000	50,000	220,000	
4	30,000	50,000	200,000	
5	60,000	50,000	210,000	
6	100,000	50,000	260,000	
7	20,000	50,000	230,000	
8	100,000	50,000	180,000	
9	80,000	50,000	210,000	
10	40,000	50,000	200,000	
11	150,000	50,000	300,000	
12	20,000	50,000	270,000	

經過一年試算，可以看出即使該月收入低於5萬元，小咪還是可以維持每月5萬元的生活品質，年底時工作室餘額爲27萬元。這時就可以將50%作爲年終獎金，剩下的50%留給工作室做周轉金或採購預算，爲自己添購生財工具或投資進修。

如果餘額大於小咪一整年的年薪，也就是5萬×12個月＝60萬元，那麼我們就可以爲自己計畫性地調薪，小咪可以試著將明年月薪調整爲6萬元，依此類推。這樣的理財方式可以幫助自由業者早點適應企業經營的財務思維模式，也能適當保留工作室向上成長的預算，以及確保自己的財務狀況穩定。未來如果工作量遽增，需要僱用人力或建立團隊時，也能有效地評估是否適合，無痛轉換成更大的事業體。

創業家理財：整合資金的能力該從哪裡來？

我因緣際會認識了幾位創投與創業顧問，身邊也有不少創業者，在此依據他們分享的個人經驗做整理紀錄，希望對於有相關需求的朋友有所幫助。

創業者有三種：

第一種是工作一陣子了，薪水也不差，但是爲了追求自我實現，毅然決然去創業。

第二種是生活有問題，創業只是爲了創造工作給自己，滿足自己的生存需求。

第三種是新鮮人或年輕人，懷抱理想或不滿待遇，想一展長才與抱負。

第一步 認識金錢
做好財務規劃，管理你的收入來源

第二步 用時間賺錢
打造你的黃金履歷，提高主動收入

第三步 用錢賺錢
堅守投資策略，做好資產配置

當然還有第四種，就是不想當員工，以為當老闆比較輕鬆而創業；因為這種情況的創業者比較不了解創業真正的辛苦，成功的機率就更低了。許多草創初期的公司，老闆都是只付得起員工薪水，而自己吃空氣的，創業到後來信用破產、賣房子、賣土地的人也不在少數。

事實上，臺灣人自行開創事業的風氣盛行，但失敗率約75%以上，而令人意外的是，大部分新創事業倒閉是「黑字倒閉」，也就是所謂的「賺錢倒閉」，什麼原因讓大多數企業即使賺錢也免不了倒閉的命運？答案是「資金周轉不靈」，臺灣著名的例子就是亞歷山大健身事業，而這也是為什麼現在的蘋果電腦努力讓自己滿手現金，多到可以買下整個美國，因為這正是這家知名企業曾有過的切身之痛。

其中高達一半的創業失敗原因是財務能力不足，除了個人理財之外，公司的財務規劃要做得更好，需了解基本三大表：資產負債表、損益平衡表、現金流量表；關於財務三大表的更多內容可參看本書第三步：「用錢賺錢」，或建議翻閱專業書籍、詢問會計專業人士。

在此先簡述粗淺概念：損益表就像是日常個人的收入與支出表；資產負債表記錄你有多少資產（像是房子）、負債（像是學貸）等；現金流量表則將前面兩個表結合，觀察正現金流（薪資收入、資產收入）、負現金流（生活支出、負債支出）的流向。營運模式第一，財務報表第二，一個是原因，一個是結果，缺一不可。

大部分公司喜歡看前面兩者，資產負債表為正值，損益平衡表正在賺錢，但偏偏現金不夠，就可能因為一時付不出所有該付的錢，來不及收回客戶的費用，就宣告倒閉了；這也就是為什麼許多企業喜歡快快賣、快快收、慢慢付，就是為了讓現金留在自己手頭越久越好。

從實質的意義來看，這是銀行眼中所謂的「所需周轉金」大小，雖然不是銀行評估一家公司賺不賺錢的憑據，卻是衡量一家公司活不活得下去的根據。

多數創業者經常面臨資金籌措問題，因此我想多聊聊資金募集話題，這是我認為創業過程中最不可或缺的能力之一。創業過程中的常見資金來源有以下幾種：自籌、補助、貸款、創投、盈餘。

❶自籌：

我們通常會建議有能力存到第一桶金的人創業，原因是賺錢容易守財難，大部分的創業家都是失敗於財務能力不足，因此能夠管理好個人財富算是基本功。當然，也是有人天賦異稟賺得多到花不完，只是我不曉得你會不會剛好是官方數據的那15%，現實就是100個人裡有85個人先在這裡摔跤陣亡了；自籌的方式不見得是真的去打工慢慢存，透過買賣或投資累積存到第一桶金，會讓你的事業更札實。

這裡的現實是「你的商業營運模式一定要砸大錢，才能賺錢嗎？」那麼建議你先去洗個冷水澡冷靜一下，想想1萬元怎麼變成2萬元，2萬元怎麼變成4萬元。有沒有辦法讓事業以小

第一步 認識金錢
做好財務規劃，管理你的收入來源

第二步 用時間賺錢
打造你的黃金履歷，提高主動收入

第三步 用錢賺錢
堅守投資策略，做好資產配置

搏大，找到試金石，在市場裡試試能耐？這世界上有太多白手起家的生意人了，一定有你可以學習的地方。

以做網拍這樣的小生意為例：

蕾咪想做網拍，花了1萬元去批了成本1萬元的貨，假設賣出獲利三成，請問她需要賣掉貨物幾輪，才可以讓總資產翻成兩倍，也就是2萬元？
答案：至少三輪。

算法是：成本 10,000元，利潤 30%
第一次進貨銷貨，10,000 x 130% = 13,000元，那麼13,000元會滾成你的本金。
第二次進貨銷貨，13,000 x 130% = 16,900元，那麼16,900元會滾成你的本金。
第三次進貨銷貨，16,900 x 130% = 21,970元，順利讓總資產翻倍。

簡言之，你用1萬元本金去批小東西來賣，獲利三成。那麼反覆一樣的動作三次，在假設扣除庫存成本與其他成本的獲利率計算的情況下，應該三輪就可以讓本金變兩倍。

算起來看似容易，其實還有許多眉角，這就得看每個人做生意的本事了！不過，比起一開始就認為燒錢才能做大事業來說，先學會做小生意，也許能讓你的生意更穩健。

❷補助：

補助優於貸款，因為補助是不用還的，只要符合政府的重點政策，作為創業初期的資金是很不錯的選擇，雖然可能要

準備繁瑣的企劃書與申請文件，必須上課與取得政府認可的證書，但是這些過程可以換來幾十萬、幾百萬的創業基金，也滿值得的。

當然，不排除時間成本是我們創業期間最高的成本，被一堆瑣事纏身，正覺得心力交瘁，還需要面對文書作業，的確消磨意志。這時也可以善用政府提供的免費創業顧問資源，幫助自己釐清事業方向，也是很好的練習。

當我有什麼靈感時，我還是會練習把商業計畫寫下來，並將商業模式畫出來，原因是這樣可以協助我表達，如果有一天需要面對投資人，一頁清楚的簡報更勝於口沫橫飛，有助於獲得投資機會。

❸貸款：

事實上，政府提供了許多創業優惠貸款，甚至有的貸款在初期是無息的；銀行的原則是以公司自籌資本額作為依據，然後再打折，因此自籌資本額越低，能貸到的額度相對越少；超貸的機率通常不高，因為銀行面對過幾千、幾萬件的創業申請案，哪一種產業類別需要多少資本額，大約都有底了。申請貸款的部分需要遵守銀行的5P原則，這部分可自行上網參考更多相關資料。

❹創投：

創投在創業初期分為兩種，一種是天使投資人、一種是創投VC；後期則是上市上櫃公司的投資人，你的事業發展到這個階段時，應該都有專業人士幫你處理相關問題了，所以我

第一步 認識金錢
做好財務規劃，管理你的收入來源

第二步 用時間賺錢
打造你的黃金履歷，提高主動收入

第三步 用錢賺錢
堅守投資策略，做好資產配置

們只討論初期的兩種。

請先記住一個觀念，創投本身並不是為了與你共進退才來入股你的公司，你的合夥創辦人才是，所以不要對創投有不切實際的期待。他們是投資人，投資是為了賺錢，為了賺錢總有一天會想獲利了結，而獲利了結那天越快到來越好。

兩種類型的投資人看重的部分並不同，天使投資人是個人投資人，看重團隊結構與願景，而創投VC背後也有創投的僱主，看重的是投資報酬率，也就是你營運企畫書上的財務規劃預測。

❺利潤：

最後，才是讓新創事業氣長的部分，也是一家企業最根本的部分，就是從客戶來的現金流 —— 企業盈餘；簡單說，就是你的售價扣掉成本後的利潤！聽起來很簡單嗎？那為什麼還是有許多企業賺錢倒閉呢？答案是庫存管理。

庫存管理不佳經常是吃掉現金的主因之一，尤其像餐廳那樣的公司類型，食物的保鮮期本身就是損耗，流行服飾業也是，你只看到成堆的衣物囤積在那，但是在創業家眼中，那也許是幾十萬、幾百萬動不了，可能隨時賠光的鈔票。

總結以上，如果你要創業，財務管理很重要。你當然可以假手他人，不一定要自己作帳，但是一定要看得懂帳，對財務一無所知往往是多數企業做不大的原因。

最後，提供大家一位創業多次的顧問給創業者的理財方式，一樣是三分法，但與我之前分享的新鮮人理財法略有不

同：

基本家用：讓自己能夠活下去是基本的，不然很容易因此而放棄創業。

長期投資：如正在繳納的房貸、子女教育基金。

承受風險：此筆基金建議可以完全投入創業。

依據你的年紀，基本家用和長期投資的部分也建議調整比例。四十歲以下的人可以提高「承受風險」的比例，因為年輕就是本錢，因為年輕的你擁有更多的時間成本可以去試誤，重頭來過，這才是最重要的。四十歲以上的人家庭責任多了不少，加上重新來過的機率會降低很多，所以建議提高「長期投資」的比例。

一般個人理財會建議你準備至少半年的備用金，同理，請將你的公司當作另一個人，並請為公司準備至少半年到一年的備用金，才不會還沒等到賺錢就被迫倒閉；新創公司的商業模式，有時候就差那一點順利熬到變現的時間。

以上理財建議來自於創投與創業顧問，有其參考價值，雖然偏保守穩健，但對我受用無窮；如果是兼職創業，依我過去的經驗來看，直到兼職的年收入大於本薪的兩倍以後，才跳出來自己開公司，會是比較恰當的。

當然，這一切只是參考，不要輕易受別人的話語而限制了自己的可能性。

我爸爸也曾自行創業過兩、三次，人生大起大落，家庭經濟也同樣跟著起起落落，而最近一次是在十年前、爸爸四十五歲以後，因為人格特質的關係，他選擇孤注一擲。無論你做出任何創業決定，請為自己的生命負責，為自己做最好的決定即可。

　　希望能對一些想要創業的人有所幫助。祝創業順心！

※創業資源參考：

・青創總會： http://www.careernet.org.tw/
・創業圓夢網： http://sme.moeasmea.gov.tw/SME/
・創業育成學習網： http://www.527188.com.tw/
・文化部創意產業推動網： http://cci.culture.tw/cci/cci/index.php
・教育部大專創業服務計畫： http://ustart.moe.edu.tw/

還有更多補助資源，請各位創業家利用自己蒐集整合資源的能力去找尋吧！

極簡理財法

第一步 認識金錢
做好財務規劃，管理你的收入來源

第二步 用時間賺錢
打造你的黃金履歷，提高主動收入

第三步 用錢賺錢
堅守投資策略，做好資產配置

有些人在學校時可能讀過柳宗元的《蝜蝂傳》，故事內容是一隻名叫蝜蝂的小蟲，非常喜歡背負東西、往高處爬，不管是什麼都往身上背，即使已經非常疲累，仍不願意放棄任何東西，直到有一天被重物拖累摔死為止。

記得小時候我讀了這篇故事後，嗤之以鼻。誰會傻到這麼做呢？但等到我長大以後，每一次搬家被許多生活雜物所累，才深刻體悟到原來我們自己就是一隻隻的蝜蝂蟲。

當我開始有了買房計畫，對於房價每坪都斤斤計較。假設以蕾咪居住多年的信義區為例，不乏單坪破百萬的房子，名副其實的寸土寸金，那麼試想，我們的雜誌堆滿了一坪的空間，不就等於浪費了100萬嗎？！屋裡的雜物無法立即使用，也無法立刻服務當下的我們，同時又失去100萬的空間價值，這就成了不必要的金錢浪費！

新臺幣收納法：生活斷捨離，把錢找回來

因緣際會讀了一本書《我決定簡單的生活》後，開始行動時，丟東西這件事情讓我倍感痛苦與艱難，甚至自我懷疑這樣不會太浪費嗎？

如果你跟我一樣，這樣的想法完全正常。因為我們丟棄的每一樣東西都是透過金錢換來的，對於多數上班族來說，金錢又是用工作時間換來的，每次丟棄物品，都覺得自己浪費

了很多錢。

因此，與其花了許多時間購物、整理、最後丟棄，不如從根源開始。

在我心目中的極簡生活靠的就是「新臺幣收納法」：盡量避免囤貨或購物，而是把超市商家當作儲藏室，就能為你省下許多生活空間，比如說：把家裡附近的超市當作冰箱，需要吃的時候才去買，只購買三日內會消耗的新鮮食材；把家附近的藥妝店當作生活用品管理處，只買剛剛好的數量，像是洗髮精、沐浴乳等，衛生紙則可以每半年訂一箱，快用完時再網購送進家裡；喜歡閱讀，找個家中附近的圖書館，當成自己的書房或是購買電子書！但如果你現在已經過慣了囤積的生活，或是生活已經被許多物品綁架，到底該怎麼執行新臺幣收納法呢？

那就反過來，開始將身邊的所有雜物一一變賣成現金！目標是把現金收回錢包裡。

這裡提供五大步驟，方便在斷捨離之餘，一步步的將身邊斷捨離的物品，變成愛心（捐贈）或現金(變賣)，並且換回自己的生活品質。對蕾咪來說，多數的財務問題來自於心靈，因此，在整頓生活的過程中，也能降低內心的焦慮感，幫助你重新回到夢想軌道上，聚焦在最重要的事情上。

那我們就開始了。

要將現有的生活改造成極簡生活，並且善用新臺幣收納雜物，要經歷五個步驟：觀察→清點→變賣→捐贈→維持。

更精確地示範以下執行細項，歡迎大家給自己一個月的時間，一步步練習試試看！

Step 1. 觀察：了解一週生活所需。

Step 2. 清點：列下生活物品清單。

Step 3. 變賣：將沒有使用到的物品優先變賣。

Step 4. 捐贈：無法變賣的物品捐贈送出。

Step 5. 維持：定期管理維護。

Step 1. 觀察：了解一週生活所需

第一週功課，先練習自己一整週下來會使用到什麼東西吧！事實上，一週就可以看到一個人生活一整年的全貌，因為人是習慣的動物，除了出國旅遊度假的時間以外，多數人的生活規律變動不大，所需要使用的物品也不多。

久久使用一次的東西，與其買下來放著越變越舊，甚至壞掉，不如早點變賣或捐贈，流轉成現金，空出空間會更有價值；其中，透過租賃方式也可以大大解決這樣的問題；除了貼身私密物品外，租賃市場的多元性已經超乎你的想像，像是行李箱、防水相機、禮服等，都是可以租賃的目標。

例如：市面上提供Rimowa行李箱出租服務，就是看上許多人一年只出國兩次，一個行李箱要價兩萬多元，與其買在家中占空間，不如在需要使用時，用幾千元租上幾天即可，還能確保每次都使用到保養好又較新的行李箱。

第一步 認識金錢
做好財務規劃，管理你的收入來源

第二步 用時間賺錢
打造你的黃金履歷，提高主動收入

第三步 用錢賺錢
堅守投資策略，做好資產配置

事實上，改變想法後你會發現：「我們人一生中並沒有真的擁有過什麼，其實就連我們的身體也像是租下來使用一樣，總有一天要歸還。」因此，將使用頻率考慮進去，就會發現並非所有東西都是買下來比較划算。

Step 2. 清點：列下生活物品清單

第二週功課，列下生活必須物品清單。接著，列下另一個眼前所有可見之物的非必須清單，如果直接開始壓力太大，可以先從分區管理開始，例如，以一間小家庭為例，先整理廚房，再整理客廳，再整理廁所，接著是書桌書櫃，最後整理衣櫥；一天只給自己一個目標，整理完一小區域，並且列下物品清單，拍照並作為未來上架之用。

《怦然心動的人生整理魔法》一書曾經說過，練習著跟捨棄的東西說聲感謝，謝謝它們曾經來到我們的生命之中，而那些仍舊讓自己心動不已的事物，就留著吧！讓所有能帶來心動瞬間的事物陪伴著自己，自然就會感到越來越幸福。

試想一下，我們其實是就是自己的資產管理者，擁有的所有事物都是我們的資產，即使看起來平價，卻仍然為某人帶來價值。簡化自己所需要管理的資產，轉換成現金，就能夠更有效率地活化資產。你身邊的雜物就是眼前最簡單管理的資產，先從這些做起吧！

Step 3. **變賣：將沒有使用到的物品優先變賣**

第三週功課，嘗試著將所有用不到的物品上架變賣。各地區的實體二手販賣店也是很不錯的地點。跳蚤市集也是經常選擇的方式，但是考量到時間成本，我把它列為次選項。

列出清單→拍照上架→設定價格→撰寫模板文案，照片品質會影響販賣速度，關鍵字的設定也同等重要，因此，建議可以嘗試搜尋看看別人是怎麼搜尋的，而自己又應該如何設定標題，幫助自己早點完成販售，將雜物換回現金。

※常見的物品變現管道：

旋轉拍賣： https://tw.carousell.com/
蝦皮拍賣： https://shopee.tw/
露天拍賣： https://www.ruten.com.tw/
TAZZE 讀冊二手書： https://www.taaze.tw/index.html

Step 4. **捐贈：無法變賣的物品捐贈送出**

第四週功課，藉由捐贈管道將物品送出。分享幾個蕾咪推薦的捐贈管道，希望也能將這些物品變成愛心傳遞出去。

除了家中巷口常見的舊衣回收箱以外，如果書籍無法二手賣出，也可以交給回收人員拿去販賣。

蕾咪自己在個人臉書開了一個專屬的贈物相簿，拍照分享要贈送的物品，讓朋友來認領，而且還規定「只能面交」，雖然要多花時間，卻是一個能讓自己見見許久未聯絡的好朋

第一步 認識金錢
做好財務規劃，管理你的收入來源

第二步 用時間賺錢
打造你的黃金履歷，提高主動收入

第三步 用錢賺錢
堅守投資策略，做好資產配置

友的方式；有時候因為社群媒體的方便，我們都開始忘了最真實的相處與溫度，因此在斷捨離的過程中，蕾咪反而與許多長久未見的朋友們，重新建立了聯繫與交流感情，也分享給大家喔！

我相信，從身邊的生活開始做起，就能體會到極簡生活的財富意義；讓自己練習著除去不必要的分心事物，只要單純去做，並且期待事情變好，但不那麼患得患失，這是投資裡最重要的心態。

開始行動吧！從今天開始，一起把那些雜物收進我們的錢包裡。

做完了變賣與捐贈後，我相信你們的生活也應該開始煥然一新了。捐贈物資部分，以下幾個網站都是常見的捐贈管道，希望也能幫助大家把愛心傳送出去喔！轉換一下思維，讓捐贈變成分享，認真去篩選這些物品，也能減少受贈單位的困擾。

接下來的日子，你只要做到定期管理維護，就能輕鬆維持好生活了。

※常見捐贈物資管道：

愛物資： http://www.igoods.tw/index/
舊鞋救命： https://www.step30.org/
伊甸社會福利基金會： https://www.eden.org.tw/
慈懷社會福利基金會： http://www.tzhu.org.tw/

信用卡理財法

《格林童話》有個「狐狸與貓」的故事：狐狸不停吹噓自己有上百種遇劫脫逃的好本領，貓則表示自己只會一種；這時，獵人帶著四條狗來了，貓見狀立刻敏捷地竄到一棵樹上，可當狐狸還在猶豫該用哪個計策時，獵狗已經將狐狸撲倒咬住了。

從這個故事可以看出，擅長一種招式有時比招式太多卻一時派不上用場更重要。信用卡理財法也是同樣的道理，各家信用卡都有自己的專屬優惠，但若你分散消費，在刷卡額度偏低的情況下往往嘗不到甜頭。因此，集中消費是可以享有最多優惠的的信用卡刷卡策略。

有人喜歡蒐集信用卡，一有新卡上市就立刻分析研究，能辦就辦，花了很多時間比較，追著最高的現金回饋、最多的優惠，頻繁停卡與辦卡，越來越多張。從現金回饋2.2%轉換到3%的卡片，看似賺到0.8%，事實上每一萬元只有80元的現金回饋差，這些真的值得你花費這麼多時間頻繁轉換，重新設定理財系統或是分散刷卡嗎？

以下簡述信用卡理財原則，不針對卡別作探討，主要針對信用卡在理財系統中扮演的角色，希望大家找到最適合自己的信用卡理財方式。

第一步 認識金錢
做好財務規劃，管理你的收入來源

第二步 用時間賺錢
打造你的黃金履歷，提高主動收入

第三步 用錢賺錢
堅守投資策略，做好資產配置

信用卡的功能，出乎你的想像

若深入了解金錢的本質，你會發現正是「信用」。你手中拿的鈔票是政府的信用背書，因此，假設有國家信用破產了，該國的幣值也會應聲暴跌。你的信用卡交易的是「你的信用」，隨著個人徵信分數與銀行鑑定的財力資料來建構出你的「信用額度」，因此信用卡也有「塑膠貨幣」之稱，簽帳卡、儲值卡亦同。

了解信用卡本質就是一種交易貨幣，同時也是一般人快速鑑定個人財力的方式後，我們就來談談幾個重點，包含：如何申辦信用卡比較容易過件？如何挑選適合自己的信用卡，做好信用卡管理？

1.哪些人辦卡最常遇到困難？

❶小白：不限職業，泛指所有沒辦過卡的族群，銀行沒有辦法聯徵你的信用往來紀錄。

❷自由業者：由於收入被認定不穩定的緣故，銀行會擔心無法追回欠款，核卡較不易。

❸中小企業主：許多中小企業主即使年收上千萬，一夕破產也很常見，不被銀行認為收入穩定。

2.銀行核卡到底看的是什麼條件？

假設你是銀行，會喜歡核卡給哪一類的人呢？是具備還款能力的人，還是可以讓銀行賺錢的人？套一句銀行的心

裡話：「我跟你又不熟，不知道借你錢，你會不會真的還我。」實在話，我們也不會隨便借個幾十上百萬錢給不熟的朋友吧！

公股銀行因為有政府作為股東，不缺資金，也不缺賺你這一筆，發卡比較保守；而私人銀行有營運壓力，就像開店做生意一樣，總是需要賺錢的，很希望可以賺到你的利息，所以像是信用卡、信貸這種動輒10%起跳的合法地上錢莊，當然積極地希望吸收多一點卡戶。

因此，只要能強調你「具備還款能力」這項要件，銀行就會願意貸款或核發信用卡給你。符合以下任一條件：

- 在知名上市企業上班。
- 穩定的工作（軍公教信貸利率可以低於5%以下，好羨慕）。
- 曾經有過貸款且開始正常清償的紀錄，例如：學貸也是一種信貸。
- 名下具備不動產，如房產；車子屬於動產，跌價快，不太會列入評比。
- 過去信用卡聯徵使用紀錄良好，當然，沒有與銀行往來的小白就少了這一點優勢。

根據這些條件，需要注意的是：

- 如果在知名企業上班，可以早點為自己辦第一張信用卡，脫離小白身分，許多銀行喜歡比照其他銀行的核

第一步 認識金錢
做好財務規劃，管理你的收入來源

第二步 用時間賺錢
打造你的黃金履歷，提高主動收入

第三步 用錢賺錢
堅守投資策略，做好資產配置

卡程度辦理。

・如果有學貸，還沒有開始還錢，核卡成功的機率很低；但是只要開始固定還款到三成左右，核卡機率會非常高，因為有信貸往來紀錄，比完全沒有更容易核卡。

・每年可以免費一次申請聯徵紀錄，現在可以使用自然人憑證線上查詢信用，只要過去不曾啟動循環利息，信用就會一直保持良好狀態。

・如果名下有資產，特別是房貸，銀行根本不怕你跑掉，因為房子抵押在它手上。

3.應該準備哪些資料較佳？

核卡資料小技巧，不一定要全部成立，但是符合越多越容易過件。

・有公司行號，可供市內電話照會

・三到六個月薪資紀錄。

・剛好要出國使用，可以向銀行說明。

・在辦卡銀行開戶，並有資金往來紀錄。

・銀行戶頭有基金股票外匯等投資相關操作。

・先找較易過件的銀行辦卡養信用，有穩定還款紀錄來養信用。

第一步 認識金錢
做好財務規劃，管理你的收入來源

第二步 用時間賺錢
打造你的黃金履歷，提高主動收入

第三步 用錢賺錢
堅守投資策略，做好資產配置

如何辦信用卡較易過件？

- 小白：利用薪轉戶或存戶銀行，挑選較易過卡的銀行先辦理第一張卡。
- 自由業：使用同一個銀行往來，有穩定收益進帳證明較容易過卡。
- 中小企業主：個人與公司帳目分開，編列自己的薪水，維持穩定資金往來。

相反的，如果不想被銀行業務員推銷辦卡，你可以說自己「現在失業中」，或是「還是學生，沒有經濟能力」。

蕾咪不喜歡辦太多張信用卡，喜歡集中消費，讓理財帳目簡單化。因此目前只申辦三張卡，大都是熱門與核卡較嚴格的卡別，根據經驗核卡都很順利，即使自己當初是小白，剛開始工作時有30萬左右的學貸，辦卡的工作年資與薪資都較同事低上許多，但也都順利過件核卡，所以銀行並非只看單一條件收入高低作為依據喔！

給信用卡新手的三點建議

信用卡的意義是「用現在的信用，向未來先借錢」，因此，如果你是個連現金都常覺得不夠用的人，可能還不適合使用信用卡，可以先從VISA金融卡開始下手。

隨著人生的成長，透過信用貸款的槓桿，可以幫助自己比較快速達成人生目標，不論是遊留學、車房貸、創業貸款等，偏偏貸款額度與利息都是依你的信用紀錄而訂，如果沒

有任何與銀行往來的信用紀錄，可能會在未來需要動用大筆資金上百萬時，無法有效率的借貸。

所以，有些資金營運良好的中小企業，會定期和銀行往來借貸，並且總是準時還款，累積在銀行的信用與關係，如果哪天真的需要動用大筆資金時，向往來銀行借貸比較不會遭受刁難，更加容易核貸較高額度與較低利息。因此，與銀行往來，常常也是許多企業主必須學習的功課。

針對信用卡新手，蕾咪提醒你們要注意這些事項：

· 先從現金回饋卡開始，里程累積是高額刷手的天下。
· 評估好自己的還款能力，一定要準時還款，避免影響信用。
· 評估自己的消費習慣，選擇適合自己使用的信用卡。

因為新聞媒體總是報導卡奴、卡債風波，許多人對信用卡避之唯恐不及，其實每種理財工具都是中性的，信用卡本身並沒有好壞，適合自己消費習慣的就是最好的；接下來，我們將來細講，該如何挑選適合自己的信用卡。

如何挑選適合自己的信用卡

新卡上市時，理財專家們通常會分析五個重點：

1.信用卡屬於哪一種卡別？

2.現金回饋規則簡單嗎？會不會看得到、吃不到？

3.現金回饋高嗎？怎麼得到最高優惠回饋？

4.信用卡重點優惠？貴賓室？旅遊保險？機場接送？

5.是否可以減免年費？續用年費高嗎？

不管怎麼樣，都要千萬記得辦卡之餘「謹慎理財，信用至上」，才是唯一眞理！接下來也一一分析：

1.信用卡屬於哪一種卡別？

通常，信用卡分成三種類型，現金回饋、里程累積與紅利點數。先講結論：

- ·理財新手／怕麻煩 → **現金回饋信用卡**
- ·大額刷手／常出國 → **里程累積信用卡**

現金回饋信用卡：如果是信用卡或理財新手，建議從「現金回饋」入手。因爲，所有的信用卡優惠可以馬上立即享用，不會因爲放到點數過期，或是被迫換來不愛的東西，換一點現金回來，這也是蕾咪最爲推薦的方式，可以讓理財流程變得比較單純。

里程累積信用卡：有機會經常刷機票出國，或是年刷近百萬，那麼「里程累積」可能會更適合你，通常航空公司聯名卡又會更加優惠，如果有喜愛的航空公司，每年出國兩次以上，又以長程居多，就可以感受到里程累積信用卡的好處。

紅利點數信用卡：紅利點數通常拿來抵用作其他產品兌換，但是因爲各家銀行紅利機制不同，有時可能集了半天卻

第一步 認識金錢
做好財務規劃，管理你的收入來源

第二步 用時間賺錢
打造你的黃金履歷，提高主動收入

第三步 用錢賺錢
堅守投資策略，做好資產配置

過期，對於理財規劃，蕾咪喜歡越簡單越好，所以比較傾向直接使用「現金回饋」或「里程累積」。

2.現金回饋的遊戲規則簡單嗎？

許多銀行的信用卡，雖然有時候會強打超高的現金回饋，但是那些廣告文宣裡頭，都會有小小的字躲在旁邊，寫著「須在○○月○○日前登錄」「回饋上限每個月1,000元」。大家的生活都很忙碌，我們其實沒有那麼多時間，每個月追蹤所有的信用卡活動優惠，誰會記得還要處理這些繁瑣細節呢？不如把這些時間省下來，多做一點喜歡的事。

最一勞永逸的方式，就是直接找張遊戲規則簡單的信用卡，直接變成我們日常理財自動化的一部分，對於現金回饋信用卡來說，蕾咪最在乎的就是兩個重點：「現金回饋無上限」與「免登錄」。

現金回饋無上限能讓每一筆消費都賺得到回饋，而免登錄可以減少雜務量，不然許多優惠也是看得到、吃不到，白白增加生活的煩惱，無法直接讓理財盡可能簡單化。

3.現金回饋夠高嗎？怎麼得到最高的回饋？

現金回饋夠不夠高？市面上許多新發行的高現金回饋卡片，通常會有特定的遊戲規則，最常見的包含：搭配數位帳戶、設定電子帳單、特定主題消費、海外消費。

事實上，我們生活中許多消費都屬於海外消費，可以享受

到較高的現金回饋。

　　以生活中常見的消費來說：

　　・搭乘UBER →海外消費。

　　・購買淘寶 →海外消費。

　　・報名國外線上課程 → 海外消費。

　　・歐美電商購買服飾精品 → 海外消費。

　　・在臺灣訂國外飯店租車→海外消費。

4.貴賓室？旅遊保險？機場接送？信用卡優惠整理

❶貴賓室：常見的有知名貴賓室免費次數與優惠價格。

❷旅遊保險：

　　・持卡人刷卡支付八成（含）以上之團費或大眾運輸交
　　通工具票款。

　　・旅遊平安險：需確認是否只保障搭乘大眾交通工具期
　　間。

　　・海外旅遊全程險：保障全程。

❸機場接送／機場停車天數：免費接送次數或優惠價格次
數，需要提前預約。

❹大眾交通運輸：一卡通或悠遊卡等相關優惠，捷運、公
車、客運、火車或高鐵。

❺其他商家搭配優惠：依照卡別而訂。

　　・海外 Wifi 機特價優惠。

　　・飯店餐廳或行程優惠。

第一步 認識金錢
做好財務規劃，管理你的收入來源

第二步 用時間賺錢
打造你的黃金履歷，提高主動收入

第三步 用錢賺錢
堅守投資策略，做好資產配置

· 里程點數搭配優惠。

· 停車、加油、特殊聯名卡等。

　　根據卡別的不同，年費各有高低。如果是信用卡新手，建議優先申辦免年費的卡別。現在許多銀行都推出了申請電子帳單免年費的方案，目前市場上除非是比較高端的世界卡或無限卡，才會要求較高年費。

　　續年年費也經常是我們評估的標準，如果申辦有年費的卡片，可以練習試算一下划不划算，通常里程累積的卡片，因為換算比例的關係，有時候有年費不一定比較吃虧；高端的卡片因為提供更多進階的服務，如果換算成人事成本，對某些人來說其實不見得真的比較貴。

　　希望這篇解析能幫助大家找到適合自己的信用卡！信用卡應用得當，還可以成為一種省錢的理財管理工具，了解自己的性格，不要為了賺里程與現金回饋而花錢，才不會反而本末倒置，省錢不成，反而花得更多！

信用卡管理技巧

　　信用卡數量一多可能會造成管理上的困難，建議大家最好維持在二到五張左右，並在使用時盡可能維持以下原則：

1.每張信用卡帳單都設定好「從生活費帳戶自動扣繳」

　　搭配先前的帳戶理財法，將每張信用卡的自動扣繳統一設

定在「生活費帳戶」，並且盡量全額繳清，以維持好信用。為了節省管理帳單的時間，可向銀行申請扣款日都在同樣幾天，更便於管理。

2.善用信用卡「折扣日」訂定「採購日」

搭配信用卡的優惠活動，例如：花○銀行信用卡在某藥妝店每週六都有888現折100元活動、中○信託某超市消費週六點數加倍。善用這些折扣日作為每個月的生活用品採購日，反而可以降低許多衝動購物的機會喔！

3.利用信用卡帳單的「自動記帳特性」

信用卡可以讓記帳這件事情變成單純到只需記錄「現金支出」，等到月底再跟帳單一起核對就能節省更多時間。很多人誤以為理財會讓人失去自由，其實正好相反，這樣你能拿回更多的時間與使用金錢的自由。

4.依個性與使用習慣選用

如果你是理財新手、怕麻煩的人，建議使用「現金回饋」信用卡，尤其是「現金回饋無上限」與「免登錄」，讓每一筆消費都賺得到回饋。而免登錄可以減少許多雜務量，不然像是「紅利點數」可能會放到過期或被迫換回自己不喜歡的東西，許多優惠也是看得到吃不到，白白增加生活煩惱，無法直接讓理財盡可能簡單化。如果你是大額刷手，或是需要常出國的人，則可選用「里程累積信用卡」。

第一步 認識金錢
做好財務規劃，管理你的收入來源

第二步 用時間賺錢
打造你的黃金履歷，提高主動收入

第三步 用錢賺錢
堅守投資策略，做好資產配置

可利用以下表格簡單管理自己的每張信用卡：

圖表1-13：信用卡管理表

信用卡名稱			
信用卡額度			
結帳日			
繳款日			
國內回饋／里程			
海外回饋／里程			
其他特別優惠			

債務理財法

許多人開始尋求財務顧問的協助是因為負債纏身，根據過去的實務經驗，在此分享處理負債的方式。如果你正受負債所苦，希望你們可以嘗試照著做，或許就能改善一直困擾自己的財務問題了。想要清點負債，建議大家第一步先填寫以下表格，將所有負債列出來。簡單來說，就是寫出資產負債表當中的「負債表」。

圖表1-14：負債管理表（調整前）

借款銀行	債務名目	剩餘金額	每月還款	利息
台O銀行	學貸	80,000	3,850	1.38%
富O銀行	信用貸款	32,000	2,588	11%
土O銀行	房貸	3,250,000	14,200	1.31%

接著第二步，根據「利息」高低做第一次排序，然後再依「金額」由低排到高；優先找出利息高、金額小、無違約金的負債優先還款，如果有閒錢就集中還款，減少負債筆數。

圖表1-15：負債管理表（調整後）

借款銀行	債務名目	剩餘金額	每月還款	利息
富O銀行	信用貸款	32,000	2,588	11%
台O銀行	學貸	80,000	3,850	1.38%
土O銀行	房貸	3,250,000	14,200	1.31%

第三步，如果無法單筆還清，就列出每個月自己的負現金流，就能掌握自己的金流概況。特別是常見的大筆貸款，難以一次還清，例如：學貸、車貸、房貸、創業貸款等。分期付款也要一併列入，因為那一樣等同負債。

圖表1-16：列出每個月的負現金流

月分	負債一	負債二	負債三	每月現金流（負）
3	2,588	3,850	14,200	20,638
4	2,588	3,850	14,200	20,638
5	2,588	3,850	14,200	20,638
6	還清	3,850	14,200	18,050
7		3,850	14,200	18,050
8		3,850	14,200	18,050
9		還清	14200	14,200
10			14200	14,200

第一步 認識金錢
做好財務規劃，管理你的收入來源

第二步 用時間賺錢
打造你的黃金履歷，提高主動收入

第三步 用錢賺錢
堅守投資策略，做好資產配置

透過觀測現金流的流動，才能看清每一筆負債對於日後生活的影響，也能更清楚當你買下當下的享受後，未來所要付出的代價。可是，債務真的這麼單純好解決嗎？利息高、金額又大的債務怎麼辦？負債真的不好嗎？學貸利息這麼低到底該不該先還？有創業夢的人適合舉債還是慢慢存第一桶金？手頭有資金到底應該先還債，還是先投資？

先理債、再理財！其實理債就是理財的一部分。

對我來說，金錢是服務我們的工具，沒有必要為了金錢所苦。如果做完上面的功課，你還是發現內心有許多掙扎，那就需要討論更多債務管理細節。

原則上，負債當然是除之而後快，但是財務狀況是一個人心靈狀態的呈現，「做不到」的背後通常有需要探討的因素。列完負債清單後，多數人已經可以有效管理，如果還是無法做到，以下三點是我評估債務去留的進階方式：1.「真實」的財務狀況；2.投資獲利能力；3.時間機會成本。

想要找到最適合自己的理財方法，就必須了解自己的狀況；因為理財是理自己的財，賺到也不會分我，賠了也不關我的事；所以誠實面對自己的財務狀況很重要，沒有人能比你更了解。

1.真實的財務狀況：也就是所謂的資產與負債

❶條列資產與帶來的淨收入（寫下自己的正現金流表）。

❷條列負債與帶來的實際支出（上頁的圖表1-16負現金流表）。

這簡易的個人財務報表可以幫助你檢視自己的財務狀況，我個人喜歡使用手機的理財App或銀行功能，如果負債就設負值。讓自己快速地一目瞭然現在的財務狀況。

如果你有穩健的收入來源，確保自己未來有能力支應負債現金流，清償債務的急迫性相對較低；相反的，如果你不敢保證自己是否一直擁有穩定的高薪收入，在能清償負債時請盡早清償，才能確保生活穩定。

圖表1-17：資產與負債表

資產	資本	淨收入
房租收入	5,000,000	10,000×12月 = 120,000
股利	100,000	5,000
定存	50,000	500
活存	100,000	100
你（薪資收入）	時間	50,000×12月 = 600,000
	資本合計 5,250,000	收入合計 725,600
負債	債務	淨支出
信用卡	卡債 500,000	每月繳款 15,000×12 = 180,000
銀行貸款	學貸 500,000	每月繳款 10,000×12 = 120,000
你	生活開支	10,000×12 = 120,000
	債務合計： 1,000,000	支出合計： 420,000
	資產－負債 = 年度淨資產 5,250,000－1,000,000 = 4,250,000	收入－支出 = 年度現金流 725,600－420,000 = 305,600

2.你的投資獲利能力

說不定你是股神，投資股票能有30%的穩定獲利，要你先還只有10%利率的債務真是太難為，還不如投資賺得比較快。即使如此，就怕你的獲利無法追上信貸的複利，我仍建議你把10%的獲利拿來還債。

當然，每個人有鉅額負債時（我對鉅額的定義是大於月薪的十倍），如果真要把錢都拿去還債，會很為難，因為現金流會非常吃緊，不但流失投資機會，生活也可能過得很沒有品質，內心不安。

你的投資獲利能力，可以回答關於學貸要不要提前還的問題。如果慢慢還，這筆錢在你的手上可以創造5%的報酬，那麼等於是拿1%利息的本金出來套利，創造更大收益；但是如果這筆錢在你手上只是單純花掉，建議早日還清。

重點在於評估你的獲利能力是否有辦法遠大於債務複利的兩倍。

3.你的時間機會成本

基本上我很贊成先理債、再理財，因為理債也是理財的一種。只是怎麼理？才是重點。月薪10萬，負債2萬？還是月薪10萬，負債100萬？不同的債務有不同的理債法，完全是因人而異，只是仍要秉持一個重點——控制風險。

在此先不討論所謂的好債，只討論一般人常見的壞債。其實投資與還債雖有資源上的衝突，仍可利用分配的方式同

時進行。最簡易的三信封理財法是將錢分成三份，投資、存款、生活，那麼你可以試試看把錢分成四份呢？變成如下：投資（開源）／存款（開源）／還債（節流）／生活（節流）。

比例分配則依照每個人的需求而異，例如：我的生活開銷低，或是最近股市高點，那麼我的投資就少一點，存款就多一點，還債就多一點，但是盡可能不讓任何一份因爲現金流吃緊而無法進行。

事實上，我認爲還債本身就是一種「防守型的投資」，因爲多省下一塊錢的支出，就等於多賺了一塊錢，而這幾乎是你能夠掌握的。如何讓自己的財務保持「進可攻，退可守，續航力還要夠久」，就看你如何分配金錢：進可攻是投資、創業；退可守是還債、保險；續航力是你平常生活的品質，以及能支用的現金流。

鼓勵大家多還債的原因是，當債務累積到讓你幾乎沒有資金可運用時，你一樣是會看著許多大好機會從眼前流走，但我也不鼓勵扣掉生活費後全部拿去還債，因爲你必須讓自己手頭維持足夠動用的現金（備用金）。因爲年輕，你有更多的時間與機會去學習進攻型投資，但是別爲了顧著衝，而讓身後一直有債務扯後腿。

「時間機會成本」是回應投資自己與自我實現型債務問題的最佳解答！學貸是負債，但是投資自己後，學經歷更上層樓，可能讓未來薪資翻倍；留學貸款是負債，但是可以完成

第一步 認識金錢
做好財務規劃，管理你的收入來源

第二步 用時間賺錢
打造你的黃金履歷，提高主動收入

第三步 用錢賺錢
堅守投資策略，做好資產配置

一個孩子多年的夢想；創業貸款是負債，卻可以在年輕有活力想要放手一搏時推你一把，也許造就下一位企業家。

最後，根據三大負債族群給大家直接的理財建議，看看自己屬於哪一種：

❶**卡債族群**：各種信用貸款與分期付款為主的卡奴 —— 減少開銷，越早還清越好

❷**房貸車貸**：為了家庭責任與自我實現的蝸牛族 —— 穩定還款，重心放在提升收入。

❸**創業貸款**：為了事業冒險一搏的創業家 —— 善用槓桿與各種資源，回歸生意本質。

1-5
做好財務風險規劃：
幫自己規劃保險

　　保險存在的目的就是為了保護你的財產，只要透過少少的金額購買保險，就能確保財務規劃的完整性，降低整體資產的風險。因此在財務規劃過程中風險規劃是非常重要的一環，其中包含保險、信託等，都屬於此範疇。如果你是企業家，甚至會牽涉到股權分配與母子公司管理，來確保每個事業體都有一定程度的風險控管。

　　在此不討論過度深入的企業風險規劃細節，單純就一般個人保險規劃，給大家一點基本觀念與建議，努力賺錢之餘，至少有能力檢視基本保障是否足夠，以及你買的保單是否真的適合自己。

　　在財務規劃過程中，通常會讓大家填寫兩張表格，一張是商業保險，一張是政府保險，如果就職的公司提供良好的保險福利，我建議大家也可以記錄下來，合併規劃才可以將自己的保費成本降到最低，保障拉到最高。

第一步 認識金錢
做好財務規劃，管理你的收入來源

第二步 用時間賺錢
打造你的黃金履歷，提高主動收入

第三步 用錢賺錢
堅守投資策略，做好資產配置

【全家保險概況表】

人壽保險

種類	年期	保費	投保年月	終身/定期	保障內容	繳費狀態	保險公司
壽險	3/20	2,753	2018.03	終身	100萬	尚未繳清	國泰人壽
意外險							
醫療險							
癌症險							
重大疾病險							
投資型保險							
年金險							
儲蓄險							
其他							

產物保險

種類	年期	保費	投保年月		保障內容		備註
地震險							
火險							
水險							
車險							
強制險							
第三人責任險							
碰撞險							
乘客險							
其他							

※依照家庭人數增減表格

第一步　認識金錢
做好財務規劃，管理你的收入來源

第二步　用時間賺錢
打造你的黃金履歷，提高主動收入

第三步　用錢賺錢
堅守投資策略，做好資產配置

　　為了方便起見，我會建議全家的保單統一管理，並且為自己做出一個理賠保障額度表格，確保在生活發生變化時，能夠適時調整生活保障，保險其實就像衣服一樣，會隨著你的年紀、家庭責任、人生階段而發生變化。

　　除了商業保險以外，還有勞保與健保這些保障，建議了解清楚自己的權益，在需要時可能會變成一場及時雨，解決生活上的困難喔！

　　通常政府保險是依照薪資水平而訂，因此也會有相關的理賠對照表，許多人不知道的是，健保其實涵括了國外就醫的部分理賠，勞保也包含了意外險，甚至在失業與育嬰時也會提供相關給付，並不是只有老來退休時才能領取津貼。

圖表1-19：全家保險概況表 —— 政府保險

【全家保險概況表】			
政府保險			
種類	年期	保費	保額／保障內容
勞工保險			
就業保險			
勞工退休金			
墊償制度			
國民年金			
農民保險			
老農津貼			
職業工會			

由於政府保險是跟著政策走，我們比較沒有太多彈性自主安排的空間，因此接下來會深入聊聊關於商業保險應該如何選擇？為大家規劃基本的保障。

我何時開始意識到保險的重要性？

最初開始研究保險是出國前往歐洲實習，申根國家簽證規定入境者至少得保足750萬以上，以及相當程度的醫療額度。原本只想保最低額度，家人卻希望可以保到至少2,000萬元，於是開始研究各家旅平險，包含醫療支出、住院、殘扶、死亡、門診給付、意外等。

在多方比價後，我買足了保額2,000萬，門診、住院醫療都實支實付，還包含殘扶死亡的旅平險。歐洲醫藥費非常昂貴，看一次醫生的價格幾乎可以抵過你繳的保險費全額，就醫時只要提供保險證明，不用付任何費用，就會由保險公司全額給付。

保了半年的旅平險大約一萬多塊臺幣左右，當時覺得好貴喔！而且在國外要是什麼事都沒發生，那筆錢不就消失了？可是與我同行的友人生病住院，在國外現金不多，財務上比較吃緊，還好有保險讓他不必額外煩惱錢的問題，只要專心養病即可，在那之後，我才開始感受到保險的重要性。

臺灣的健保制度完善，讓我們比較感受不到醫療支出的負擔，但經過海外友人醫療理賠的經驗，回國後進入職場就

第一步 認識金錢
做好財務規劃，管理你的收入來源

第二步 用時間賺錢
打造你的黃金履歷，提高主動收入

第三步 用錢賺錢
堅守投資策略，做好資產配置

開始認眞爲自己研究保險規劃，因爲以前剛出社會時，月薪也只有2到3萬，只買了意外險與重大疾病險作爲最基礎的保障，一年大概5,000元以內有找；直到收入水平逐漸提升，我才開始加購了終身醫療險與壽險等保障，保費也就遞增到了1萬多元；又過了幾年，收入又增加了，才買了終身殘扶險。

如果你的保險無法一次到位也沒關係，可以先從自己最無法負擔的風險開始，像是發生意外或罹患癌症，這可能是當初還年輕的我最無法承擔的財務風險。

只花少少的錢就能得到大大的保障，是我個人覺得保險最誘人的地方，當然在風險規劃上，我們終極的財富目標是希望能擁有上千萬的資產，達到風險自留。

個人保險怎麼規劃，才不會成爲家人負擔？

關於整套的保險規劃，我還談不上是專家，只能給大家我這種平民百姓的建議。在此針對蕾咪個人想法分享一些保險觀念；坊間保險類理財書最知名的莫過於《平民保險王》，書中的觀念著重在「將保險列爲消耗型支出」，並且盡可能購買「低保費、高保障的定期險」產品，讓保險本身回歸到保險的本質，就是所謂的「轉嫁風險」。

在預算有限的情況下，強烈建議大家像我一樣先從定期險買足基本保障開始，直到行有餘力再去考慮終身險與儲蓄險，才不會本末倒置，繳了一堆保費卻沒有足夠保障。

保險規劃上，隨著國情的不同，規劃的方式也不同。在臺灣，健保就是最好又便宜的醫療保險！所以一定要買健保，剩下的再根據健保的特性去補足缺口。同時也要記得留意自己的勞保福利，像是失業補助、育嬰津貼等。

根據臺灣醫療制度的特性，其實保險原則就是保大不保小，所以優先考量順序是：意外險>重疾險>醫療險，如果行有餘力，可以再加個殘扶險或長照險。

依照風險等級，購買保險時可考量的優先順序應該是：

❶ **意外險**：如果你是家庭經濟主力，至少死殘買滿500萬以上，可搭配壽險規劃。

❷ **重疾險**：可先規劃定期險一次給付100萬，涵蓋癌症最好。

❸ **醫療險**：日額或實支實付二擇一為佳，其中實支實付的雜費額度最為實用。

在購買時，額度也是依此順序由高至低，在還沒有買足前面的保障時，後面的規劃可先放緩。保險觀念是將保險視為一種消耗品，跟衣服一樣，每個年紀階段都會有不同的量身訂製的衣物，隨著家庭責任不同而調整自己的保單；預算有限時，可使用定期險提高保障，預算足夠時，可考慮在年輕尚未有體況，先買些老年難以取代或費率極高的終身保險。在理財規劃上，我會將保費歸類為生活必須開銷的一種。

如果對保險公司不夠了解的人，不知道哪家比較好，可

以參考金管會管轄的「財團法人金融消費評議中心」（簡稱「評議中心」）所提供的保險理賠申訴率報告。通常申訴率越低的保險公司，代表理賠時越乾脆，也可以作為優先考慮的人壽保險公司。

接下來，根據以上建議來講解保險規劃方向：

1.定期險與終身險的差別？

定期險與終身險的差別在於，定期險通常是一年一約，有繳費才有保障，優點是保費金額較低，可以依照人生階段需求不同而每年調整，缺點是超過一定年紀或理賠事故後，就無法續保。

終身險通常是十年一約或二十年一約，繳費期間的負擔較大。優點是繳完期滿後，不必繳錢也能擁有保障，大都可以到七十五歲左右；缺點是保費較高，可能造成一些人的經濟負擔，或是無法隨時調整保單。

2.意外險為何重要？

意外通常發生得很突然，經常是一般人最無法承擔的風險，通常根據職業風險等級來決定保費高低，與年紀大小無關。加上意外發生的機率極低，所以費率整體較為低廉，因此在保險規劃時會優先考量意外險，特別是定期產險會是CP值很高的選項。

在我們年輕時，意外身故與疾病身故相比往往更讓人猝不

及防，也更沒有心理準備做好緊急備用與財產分配。因此家中若有人突然發生意外，容易造成經濟上的負擔，這也是為什麼會將意外險列為保險的首要規劃。

3.壽險是什麼？

壽險是不論發生疾病或意外身故，都可以申請理賠的一種保險。同理可證，它的涵蓋範圍更廣，所以是較為昂貴的保險類別。在沒有任何撫養責任的情況下，其實差不多準備個人喪葬費額度就夠了，但是背負撫養責任的人，就應該把壽險的額度拉高。

許多父母因為太愛小孩，所以把小孩的保障額度買超高，結果發生意外後父母雙亡，小孩一毛錢也拿不到，完全沒辦法受到保障。真正要保障孩子的方式，應該是將家中的經濟主力額度買高才對，隨著家庭責任的高低增減額度。

額度以自己年薪的十倍作為家庭保障，假設是單薪家庭，爸爸年薪60萬，媽媽是家庭主婦，那麼最應該購買定期壽險的是爸爸，壽險額度建議至少60萬乘以十倍，也就是600萬以上。如果爸爸發生了意外身故，他的保單至少能代替他照顧家人十年，所以保險買對，就是對家人最好的愛。

每隔幾年可檢視一次保單，像孩子出生、父母退休、小孩成年與自己退休，都有可能是壽險額度可以調整的時候。

大部分具有競爭力的終身醫療附約，通常需搭配終身壽險主約。資金有限時，可以透過購買最低額度的終身壽險主

約，搭配自己想要的醫療附約，以降低整體的保單費用。

舉例：某家終身壽險主約100萬保額，每年保費29,100元，同一家人壽所販售的定期壽險保額100萬，每年保費570元，因此在我們想要擁有這家人壽終身醫療的附約情況下，可能會選擇購買終身壽險10萬主約保額，搭配定期壽險100萬做整體規劃，降低保費拉高保障。

4.重疾險是什麼？癌症險該買嗎？

重大疾病的基本理賠項目共有7項：急性心肌梗塞、冠狀動脈繞道手術、末期腎病變、腦中風後殘障、癌症、癱瘓、重大器官移植或造血幹細胞移植，其中大部分年輕人比較容易碰到的重大疾病以癌症為主。

現代人罹癌率高，所以癌症險保費居高不下，也是多數人在醫療支出上最大的隱憂。市面上一次給付型的定期重疾險，經常搭配拉高醫療實支額度，列入防癌規劃中，特別注意的是，可優先選擇保證續保的定期重疾險。

癌症險分為分項給付型與一次給付型。分項給付型依據癌症住院、化療、放療等情況逐項進行理賠；一次給付型則是確定罹癌即可整筆給付，建議可優先購買一次給付型癌症險，可以在事故發生時，直接理賠一筆金額作為支用，也是實務上最為實用的理賠方式。而一般的癌症給付通常需要自己先行墊付，再透過醫師診斷證明與醫院收據等作為理賠憑證，因此對一般人來說可能會有點緩不濟急；通常建議一次

第一步 認識金錢
做好財務規劃，管理你的收入來源

第二步 用時間賺錢
打造你的黃金履歷，提高主動收入

第三步 用錢賺錢
堅守投資策略，做好資產配置

理賠型至少買到100萬到200萬元額度，再搭配癌症險或醫療險的分項理賠最爲實用。

5.醫療險該怎麼買才對？

一般而言，如果想要節省保費，可以考慮優先購買定期險勝於終身險。然而因爲醫療險理賠機率高，隨著年紀越大，體況可能有所不同，費率也會越來越差，因此如果可以趁年輕體況好時先買好適合的終身醫療險，反而是我個人比較推薦的規劃方式。

隨著醫療進步，住院天數變短，門診手術越來越多，實支實付的重要性開始大於日額理賠，加上手術費健保多有給付，就算是幾萬元手術費，只要是符合健保給付標準，自費額僅剩幾千元，不至於成爲經濟負擔。但是動輒幾萬的醫材、自費藥物與其他雜支等，通常只能使用雜費額度理賠，所以建議拉高實支實付醫療險中的雜費額度最爲實用。

孩子的醫療保險規劃，通常是年紀越小越便宜，所以在孩子出生前規劃好新生兒保單，注重燒燙傷理賠額度比一般成人稍高即可。

6.注意豁免附約一定要加入

記得在附約上主動要求加上豁免，如果購買的是終身險，中間發生意外導致殘廢以致於失去收入時，可以直接豁免後面年期保費，一樣可以保到終身。

家庭保險建議書

如果你是家庭經濟主力，可以使用意外險搭配定期壽險來規劃保險額度，盡可能讓保費降到最低。

假設我是家中經濟主力，年薪100萬元，預期的死殘理賠額度會是年薪的十倍，也就是如果發生意外，這筆賠償金可以代替我照顧家人十年，因此應該將保額拉高到1,000萬元。但如果直接購買保額1,000萬的終身壽險會非常昂貴，加上年輕時意外身故的可能性大於疾病身故。這裡有一個小技巧可以分享給大家：你可以購買500萬的定期意外險，加上500萬的定期壽險做為你與家人的保障，讓整體保額拉高到1,000萬，又不必支付太高的保費。

圖表1-20：家庭經濟主力的保險建議

經濟主力的保險需求	額度	常見計算方式
壽險	500萬到1,000萬	約莫年收入的十倍
意外險	500萬	同上，可搭配旅平險
重疾險	200萬	一次給付癌症支出
住院醫療	5,000元／天	負擔自費病房費
手術雜費	20萬	負擔非健保醫材藥物
殘廢一次金	500萬	看護費
殘廢月扶金	3萬	看護費

小孩保單的重點就不太一樣，壽險並非主要考量，而是增

加燒燙傷的醫療比例，其他的醫療部分跟大人差不多，一樣以實支實付和日額給付為主，可考慮終身醫療。

圖表1-21：小孩的保險建議

小孩的保險需求	額度	常見計算方式
壽險	0萬	小孩15歲以前身故保障無法生效
意外險	100萬	同上，可搭配旅平險
燒燙傷	100萬到200萬	燒燙傷機率較大人高
住院醫療	3,000元／天	負擔自費病房費
手術雜費	20萬	負擔非健保醫材藥物

如果是家中的老人家，延續過去已有的醫療保單，想早點替自己的老年退休做保單規劃的人，建議買足殘扶險或長照看護險的額度。蕾咪個人的保險規劃上，除了殘扶險以外，對於自己的老年退休規劃是非常實際地透過理財讓資產提升，幫助自己未來可以風險自留。

圖表1-22：老人的保險建議

老人的保險需求	額度	常見計算方式
壽險	100萬	子女若是經濟獨立則可降低
意外險	200萬	同上，可搭配旅平險
重疾險	200萬	一次給付重大疾病支出的機率提高
住院醫療	5,000元／天	負擔自費病房費
手術雜費	20萬	負擔非健保醫材藥物
殘廢一次金	500萬	請看護用途
殘廢月扶金	3萬	請看護用途

關於保險的重要提醒

變成孤兒保單也不怕

根據統計，約有九成保單會變成孤兒保單，因此比起依賴業務協助理賠，更建議大家可以補足自己的知識，投保當下問清楚自行申辦理賠該如何處理，只要明確知道需準備的理賠資料與聯繫電話後，未來就可以靠自己處理好理賠事務。

在發生意外或事故時，保險當事人心力交瘁之際，還需要花費大量時間研究保單理賠訊息，一一找尋理賠的窗口或客服，甚至因為不理解理賠程序而無法獲得理賠，這才是我們一般大眾最在意的點。

因此記得在平日就幫自己建立好專屬的保險檔案吧！

在整理個人保單時，特別需要了解保障與費率，不要等到理賠時才查找。

不管是自行做功課，或是協助親友規劃，都要留意每個保單的限制，例如：有的門診手術不理賠雜費、長照理賠需要符合巴氏量表、住院醫療未住院將無法理賠，這些理賠的眉眉角角，才能檢視自己是否做出正確的選擇。

保險其實是一般人生活中，僅次於買車、買房、結婚創業的重大開銷，如果買的是終身險，就跟房貸一樣要繳上二十年！我們就連買菜、買衣服都會比價再三，認真做功課，對於購買保險就更不能夠偷懶不願意做功課了，不是嗎？

出國一定要保旅平險嗎？

除了基本意外險，每次出國我一定幫自己加保旅平險。歐美國家醫療費高昂，往往一次看診就抵過全部的保費，在旅平險的選擇上，我個人推薦購買海外全程意外險，以及實支實付醫療險，這兩者是海外保險當中，最容易派上用場的險種。

在國外旅遊期間，為了資金安全，通常會盡量減少攜帶的現金，以信用卡消費為主，降低被搶劫偷竊的風險，如果害怕在國外遭遇物品遺失與行李延誤等事項，可以同時考慮旅遊不便險。

為什麼年輕人不該買二十年期儲蓄險？

我相信大家遇到許多推銷儲蓄險的業務員們，如果有儲蓄目標，通常我會優先推薦使用銀行提供的零存整付，接下來是整存整付，最後才是儲蓄險。

對我來說，理財原則都一樣，這些都只是「工具」而已。

通常我會建議儲蓄險只買三年期或六年期為主，以人生階段的中期目標做規劃，例如：買房、結婚等，問問自己希望透過儲蓄險這樣的理財工具，達到什麼樣的結果？像是有的人想要三年後存到100萬元，有的人想要六年後存到買房頭期款，這些財務目標就可以利用儲蓄險來幫助你實現。

如果儲蓄險年期太長，超過十年以上，根據統計，只有20%的人順利繳完，加上資金凍結太久，可能損失太多機會

成本。比起小資族買了儲蓄險，卻讓自己沒有多餘資金進修或投資，那麼這階段的你，可能更適合使用定存來達到儲蓄的目的。儲蓄險更像是給有錢人買的，因為透過儲蓄險本身的特性能有效轉移財產與資產配置。

如何透過理財規劃準備好足夠保費？

前面提到，保險費被列為理財規劃的生活必要開銷，但是該如何透過理財規劃準備好足夠保費？如果擔心自己忘記預留每年的保費，可以利用銀行的「零存整付」，每月自動扣款的特性來預先規劃。

假設你需要年繳保費24,000元，可以每個月設定2,000元從生活費帳戶自動零存整付，這個目標就不是為了儲蓄而設計，而是為了年度財務規劃而設計的方式，一年過後，戶頭就會自動出現一筆可以支應的保費了。這個方式也可以應用在任何年繳費用上，包含各種保險費、稅費、紅包等都適用。

本書第一步帶領大家從「認識金錢」開始，從探索內心的財富思維、寫下夢想清單、設立財務目標、做足保險規劃，希望能讓你做好財務規劃基本功，找到專屬於自己的財務規劃，活出理想中的人生。

第一步 認識金錢
做好財務規劃，管理你的收入來源

第二步 用時間賺錢
打造你的黃金廟座，提高主動收入

第三步 用錢賺錢
堅守投資策略，做好資產配置

Step Two
第二步
用時間賺錢

打造你的黃金履歷，

提高主動收入！

上一步談到財務目標設定、理財法類型等基本功之後，讓我們回歸現實面，聊聊怎麼有效率地提高自己的主動收入，進而擁有更多資本創造事業型與投資型的被動收入。

　　根據《富爸爸，窮爸爸》一書中的ESBI四大象限觀念，E就是僱員（Employee），S代表自僱者（Self-employee），E、S在四大象限的左半邊，也就是主動收入的一邊；而B代表企業家（Business Owner），I代表投資家（Investor），是在四大象限的右半邊，代表被動收入的一邊。接下來要談論的重點是，如何從低薪E象限→高薪E象限→高薪S象限。

圖表2-1：《富爸爸，窮爸爸》ESBI四大象限

我不想欺騙你，對你說想要達到財務自由，主動收入並不重要，告訴你認真工作拉高本薪沒有意義；事實正好相反，你眼中許多擁有被動收入的人，也同時有可觀的主動收入，更有甚者，跟我一樣是個熱愛事業的工作狂。即使只是單純

投資，10萬本金的投資賺取10%報酬，也不過是1萬元，100萬本金的投資賺取10%報酬，就會是10萬元！貧富差距就在這些微小地方逐漸拉大。

如果你沒有做好拉高自己本薪收入或主動收入的打算，你的財務增長速度也會大幅受限。大多時候，我們會在初期選擇專注在提高自己的本業職能，確保在某些領域擁有難以取代的價值，為自己談到更高的所得薪資。

第二步正是想跟大家聊聊我的人生策略，如何為自己的職涯做打算，有規劃地花費教育基金帳戶裡的錢，有效率地培養能夠提高收入的技能，以及為自己打造黃金履歷。

第一步 認識金錢
做好財務規劃，管理你的收入來源

第二步 用時間賺錢
打造你的黃金履歷，提高主動收入

第三步 用錢賺錢
堅守投資策略，做好資產配置

2-1
人生規劃優先於
財務規劃

「我應該要走哪條路?」愛麗絲問。

「妳想要去哪裡呢?」微笑的貓答道。

「我不知道。」愛麗絲説。

「那就無所謂了。如果妳不知道要去哪兒,哪條路都是一樣的。」微笑的貓説。

　　這是出自於《愛麗絲夢遊仙境》的一段經典對話,愛麗絲墜入神祕世界後的徬徨,就像我們的人生,如果你不知道自己想去哪裡,那麼不管走哪一條路都是一樣的。

　　因此,不論你學到了多少方法、尋求了多少路,要是沒有目的地,這些方法都會失去意義,也沒有差別;因此回歸重點,我們應該釐清的是:「你想要過什麼樣的人生?」這才是一切問題的根源。

　　人生目標是一切的根本,緊接而來的才是財務規劃,任何與人生目標衝突的財務規劃都必須捨棄。只有釐清生命中的

優先順序，才能確保自己擁有理想生活，並且幸福快樂，而這比一切功成名就來得更重要。

認識時間價值，你的生命值多少錢？

想邁向財務自由，認識時間的價值很重要，認知到生命的單位就是時間。我們常說浪費時間是慢性自殺的行爲，你有想過自己的時間值多少錢嗎？到底現在這份工作花了多少錢買走生命中的一小時？

練習算算看：假設小明月薪35,000元，一個月工作日約22天，每天8小時，請問一小時值多少錢？

小明的生命價格／小時 = 35,000元／（22天×8小時）= 35,000元／176小時 = 198.86元／小時。

所以，大約200元／小時，只用200元，就可以買走小明一小時的生命。

※試試看：

算出你現在生命中的一小時值多少錢？

算式：你的生命價格／小時 = 月薪／（工作天數×每日工時）

算完了嗎？覺得這個金額比你想像中的高或低呢？

如果撒旦出現在你面前笑著說，願意多花十倍金額買下你

一小時的生命，你願意賣給他嗎？或是他說想買下你一小時的自由，你願意賣給他嗎？

人生中有許多謊言，例如好好努力唸書與工作，犧牲現在的享樂，未來就會過著幸福美滿的生活。

親愛的，相信我，此刻的一小時遠比未來的一小時更加珍貴，因為沒有任何人可以預料自己的明天是否會來，而死亡往往才是生命必然的結局。所以，絕對沒有任何一件事情值得你輕易犧牲當下。

計算完你「目前」的時間價值後，接下來談怎麼為自己加值！

建立可累積的資產：專業能力

達成財務自由的重要思維之一，就是聚焦在可以累積的資產，其中可累積資產包含了個人專業能力、個人品牌、事業體、動產與不動產等，因此在邁向財務自由之前，我們必須聚焦在自己唾手可得的第一個資產：個人專業能力。

有效率並長期累積個人專業能力，可以讓你在職場升遷順利，收入翻倍成長，提高主動收入，可以說是加速財務自由的基本功。未來，你將會發現，「把工作做好」絕對是財務自由這趟旅途上最簡單的一件事情了。

為了避免自己像是免洗筷一樣被公司用了就丟，培養自己無可取代的價值是身在職場中時時刻刻都該思考的事情，更

甚者，練習去思考看看什麼樣的能力誰也帶不走，即使遭逢變故，也能長期累積在身上，成為你生命的靠山。

有沒有很意外？我覺得自己生命中的第一個靠山，就是我的專業能力；這讓我擁有前所未有的安全感。即使有一天遭逢變故，一無所有，只要願意放下自尊，我都有自信能找到養得活自己的工作。

不受限於外在環境，可通用的功能，在工程領域上我們稱為可移植性（Portable），運用在職場上也就是你帶得走的能力，例如：溝通技巧、業務開發、談判能力、外語能力、專案管理能力、分析能力、邏輯思考能力等，這些不限領域可相通的能力。建議職場新鮮人在尋找工作時，可以優先選擇相關的職業，各領域的背景知識大都可以透過短期記憶快速補足，這些軟實力卻能夠跟著你一輩子，即使經歷轉職或創業，甚至回歸家庭，都有可能用得上。

如果還是學生，比起急於致富，更建議先好好把書讀好，並且思考目前學到的知識是否能為自己打造理想的未來。如果不能，那就把握在校期間多涉獵跨系課程，多向學長姊請教，以爭取好成績為目標，透過這些過程，訓練自己時間管理、資源整合的能力。每次我們都笑稱，離開了學校，成績單不是考卷上的數字，而是反映在收入與資產上的數字，因為這考驗著每個人解決問題的能力、整合資源的能力、時間管理的能力、談判溝通的能力，甚至是投資理財的能力；總結的金錢數字，不過只是綜合能力值的總和。

第一步 認識金錢
做好財務規劃，管理你的收入來源

第二步 用時間賺錢
打造你的黃金履歷，提高主動收入

第三步 用錢賺錢
堅守投資策略，做好資產配置

「你是否有能力利用有限的時間與資源，達到最理想的結果？」

你以為學校教的只是書本上的知識嗎？以為那些拿書卷獎的學生只是記憶力比較好，或是理解力比較強嗎？不是的，他們厲害的是時間管理與自律能力，而這才是我們應該在在學期間積極培養的習慣。

還記得我大學剛開始打工時，兼職服飾店員的日薪是800元，時薪約100元；後來兼職當家教，時薪約500元；畢業後，我成為約聘工程師，日薪約1,400元，時薪約200元；接著，我下班後拚命累積自己的外語能力與工程專業，進到外商後日薪約4,000元，時薪約500元；隨著能力的累積，我開始擔任顧問，時薪一路成長到了5,000元以上，目前仍在持續成長中。

同樣付出生命中的一小時，市場價格的變化：100元→200元→500元→5,000元！一小時並沒有改變，那麼是什麼讓我的單位時間價值產生了複利效應呢？答案是投資自己，累積專業能力，並且創造出更多的價值。

只要是月薪低於5萬的小資族來詢問關於投資的建議，除了下班後多學習投資理財知識以外，「投資自己」是我認為最重要的一件事。

市場向來公平且殘酷，你所配得的薪資收入就是你所提供的價值；一旦這兩邊發生不平衡，市場供需就會開始發生變化：你獲得過高的收入，可能會因為擔不起這樣的能力水準

而被開除；你獲得過低的收入，很有可能會找到更多更好的工作機會。

因此，與其抱怨自己為何只能領取兩萬多的薪資時，不如先開始清點自身能力，設計個人的薪資成長計畫，努力投資自己，將提升個人能力視為第一要務。相信我，我也是從月薪兩萬多開始的；當時，我就是不停想著，憑什麼一樣是工程師，就是有人領著我的十倍薪資？我們到底有何不同？

只有先提高你的時間價值，才有可能離財務自由更近一些。

試想，時薪150元時需要工作200小時，才能換取30,000元的收入；時薪5,000元時，卻只需要工作6小時，就能換取30,000元的收入，那麼多出來的194小時，就能讓我從事更多興趣才藝、陪伴家人，甚至創造更多收入來源。

所以，放下你的好高騖遠。有樣學樣可以，但是不要只學半套，那些檯面上從零開始打造被動收入的朋友們，即使回到職場，他們的能力值依舊不遑多讓。

有人也許會怪罪家庭，有人也許會埋怨環境，剛好就是這樣的思維，最容易造就悲慘的人生。因此，停止你對世界的憤恨吧！對自己的生命負起全然的責任。

沒有錢，我們就找出錢來。沒有富爸爸，我們就成為自己的富爸爸。

第一步 認識金錢
做好財務規劃，管理你的收入來源

第二步 用時間賺錢
打造你的黃金履歷，提高主動收入

第三步 用錢賺錢
堅守投資策略，做好資產配置

如何存到第一桶金：先從月薪的十倍開始

談到理財，大家最常討論的問題是「如何存到第一桶金」，以世俗觀點來看，通常認為第一桶金是100萬元，對於一個剛出社會、月薪2萬多的新鮮人來說，無疑是一個遙遠的目標。

你們覺得第一桶金應該是多少錢？許多人剛出社會開始理財，覺得存到100萬很困難。其實，第一桶金不一定要從100萬開始，不如就先從月收入的十倍開始，作為初階的儲蓄目標；並且，利用這個目標達成的金額，為自己的人生做出更多加值的決定。

存錢沒有動力通常是缺乏目標意識，也就是忘了想自己為什麼存錢？關於儲蓄的目標，我通常會建議第一個財務目標先從「緊急備用金」開始，假設生活的必須開銷為月收入的50%，那麼緊急備用金就應該存下三個月的薪水，也就是六個月的生活必須開銷。

在第一個儲蓄目標「緊急備用金」達成以後，下一個目標就開始羅列自己的夢想清單！把想要的人生竭盡可能幻想出來，然後拆解成許多小目標，並且寫下需要多少時間，又需要多少錢達成？（參見本書第一步：認識金錢）

因此，如果下定決心開始理財，你的儲蓄目標設定：

❶ **緊急備用金**：六個月的生活必須開銷。

❷ **第一桶金**：月薪的十倍。

❸ 第二桶金：100萬元。

第一桶金之所以重要，是因為在投資理財世界中賺到100萬不難，難的是留住100萬，不論是工作或投資賺來的都一樣。例如：定存本身就是勝率100%的投資，只是報酬較低。假設連想辦法定存100萬這種勝率100%的零風險投資，你都做不到、留不住錢，又怎能奢望連職業投資人都僅有20%到30%勝率的股票投資，能夠留得住100萬呢？當逐漸了解投資的本質，你會發現存一桶金就是練習投資紀律的基本功。

除了訓練投資紀律以外，當資金累積到相當數量後，你也更有機會看到截然不同的投資機會與選擇。就像《富爸爸，窮爸爸》作者羅伯特·清崎開發的現金流（Cash Flow）遊戲一樣，在剛開始遊戲時，我們大都只能選擇小生意；隨著自己資金提高，能夠投資大買賣的機會也越來越多；而隨著財力提升，我們遇到的人會逐漸變得不同，交流資訊的精準度也會因此提高許多。

舉例來說，當你只有100到200萬自備款時，你買房的管道可能是一般房仲，一間一間地看房；後來你有了幾千萬，經常投資房地產，這時有些專業的房仲與銀行放貸部門可能跟你關係更密切，總是將第一手好物件優先分享給你。等到你擁有幾億資產時，甚至可以直接面對建商議價，用市場上不會出現的優惠價買到搶手的房屋。

長期累積資金實力是理財不可或缺的過程。千里之行，始

第一步 認識金錢
做好財務規劃，管理你的收入來源

第二步 用時間賺錢
打造你的黃金履歷，提高主動收入

第三步 用錢賺錢
堅守投資策略，做好資產配置

於足下，我們一步步來，先從第一個儲蓄目標開始吧！只要開始，就不嫌晚。

第一步 認識金錢
做好財務規劃，管理你的收入來源

第二步 用時間賺錢
打造你的黃金履歷，提高主動收入

第三步 用錢賺錢
堅守投資策略，做好資產配置

2-2 打造黃金履歷，讓自己成為有選擇權的人

比起被動等待機會來臨，我更鼓勵大家嘗試主動打造自己的人生履歷。履歷是過往經歷的紀錄，但也可以透過主動計畫並實踐，來打造出現在與未來的自己理想中的版本，在職場上無往不利。

投資自己，穩賺不賠：
那些年為了栽培自己而申請的貸款

我是在臺東山上長大的農村女孩，家中務農，所以下課後經常要回家幫忙，處理農務與家事，忙完以後才有時間讀書與寫作業。還記得國中時，一名同學因為家境問題被迫放棄學業而中輟，選擇到工地當搬運工人；十年後，我們這些同學的人生都有各自期盼的未來，他卻只能努力求生存，相較之下，我們是幸運的。

對於鄉下孩子來說，教育是翻身的機會。那些不看家境背

景的指考制度雖然八股，卻偏偏是我們打破先天環境限制的唯一可能。因此，即使保守如我，對於各種負債膽顫心驚，但為了完成學業，仍舊願意背負貸款去實現自己的理想；如果家裡栽培不起，我就成為那個可以栽培自己的人。

許多人可能跟蕾咪一樣出社會就負債；我的助學貸款大約24萬元，海外青年體驗貸款12萬，總數約36萬元，這雖然是我人生中第一次操作槓桿，卻也是最好的決定。

槓桿，就是在擁有小額本金的情況下，藉由舉債投資創造出更大的價值。

所以了解槓桿是什麼之後，就嘗試應用看看吧！大部分的投資書籍都會告訴你什麼是槓桿，也會告訴你槓桿具備以小搏大與高報酬、高風險的特性。如果我們可以選擇優先投資自己，風險自然能降到最低，畢竟自己是不會背叛自己的，不是嗎？

沒錢也想要有海外經驗，應該怎麼做？

在觀察許多前輩的人生經歷後，發現原來要達到理想中的工作機會，許多人都具備海外留學背景。因為我們家有多達五個兄弟姊妹，所以不太可能由父母栽培出國讀書，加上長輩觀念保守，擔心小孩出國後從此不回來怎麼辦。

想去世界走走這個小夢想，是在高中研究世界史時開始萌芽的；當時的我認為出國留學就是上百萬的昂貴夢想，因此

內心常出現這樣的詰問：

- ・「我想出國留學！」→「可是你沒有錢啊！家裡也沒有錢送你出國念書。」
- ・「怎麼做才能沒有錢也能出國呢？」→「領獎學金？打工度假？出國實習？海外工作？申請貸款？」

看到了嗎？我們每個人心中都有這些小聲音，這很正常。多數時候阻止我們成功的都是自己內心的小聲音，從來就不是其他人。

別把資源不足作為自我設限的藉口，而是假設資源不存在的情況下，是否仍有別的方法可以達成目標。這樣的思維模式幫助我非常多，特別是創業以後，即使沒有足夠的資金，還是可以設法打造從0到1的事業體，思考「怎麼做才能讓花錢的事變成賺錢的事」，打破你心中的理所當然，就有機會為自己打造前所未有的新契機。

想去英國，沒有錢？去英國打工度假如何？

想去美國，沒有錢？去美國申請實習生計畫？

想去德國，沒有錢？申請個DAAD獎學金如何？

想要旅外，沒有錢？去考個ITI兩年歐語組如何？

更甚者，我曾經收到來自於企業的聘書（Offer），願意贊助我出國實習，但是必須簽下返國後的工作契約；如果你希望有機會出國留學或旅居海外，相信我，絕對多的是機會

第一步 認識金錢
做好財務規劃，管理你的收入來源

第二步 用時間賺錢
打造你的黃金履歷，提高主動收入

第三步 用錢賺錢
堅守投資策略，做好資產配置

可以幫助你實現夢想，甚至連未來的工作機會都爲你準備好了。

※想擁有海外經驗的人，試試看：
・DAAD，德國學術交流總署。
・ITI，國際貿易協會國企人才訓練班。
・教育部學海築夢計畫，國際實習人才計畫。

我從不浪費時間嫉妒別人的資源有多豐富，也沒有時間討厭別人，寧願專注想著自己應該怎麼做才能像他們一樣，甚至超越對方，成爲一個對生活有選擇權的人。

小時候在鄉下長大，對我來說，出國一直是遙遠的夢想，但正因如此，憑著自己的力量蒐集了許多能夠不花大錢就能旅居國外的方式，造就現在的自己。曾經在德國遊學、在義大利工作實習、在全球前百大美商公司工作，近幾年也不定期旅居歐美，與國外廠商合作，同溫層中有非常多人旅居國外，仔細歸納後，以下與大家分享旅居國外的12種方式。

在財務規劃上，旅外開源的資金來源包含獎學金、政府補助、優惠貸款、企業贊助、自費等方式；在節流的部分，則可以月租宿舍、配合學校、當地工作、打工簽證等方式達成。不同類型的海外旅居經驗，也會對你未來的職涯選擇帶來不同的新觀點、新選項。國界不應該成爲綁住你的生活邊界，如果在臺灣找不到夠好的機會，出去看看也不賴，希望

你不論在世界哪一個角落都能發光發熱。

❶ 純旅行：利用寒暑假、工作轉換的空檔，安排至少爲期一個月以上至半年的旅行，可以當個超省錢的背包客、沙發客，也可以跟團，或是自己買好機加酒，搭配當地行程；如果長期居住，可以考慮月租方式更省錢。

❷ 遊學旅行：想要體驗國外生活，又想順便提升自己，可以用遊學的方式在課程空檔深入體驗當地，更可以在期間認識異國朋友；有趣的是，在歐美國家選擇自費遊學的比例很高是大學生，而在臺灣或亞洲國家大都是具備多年職場經驗，想要短期充電的人選擇遊學旅行。由於遊學可以申請宿舍，所以時間越長，平均住宿費反而越低。

❸ 交換學生：這是最適合大學生把握的旅居國外機會，也是有意出國留學的人很好的敲門磚。可藉此確定你對這個城市美好想像的眞實性，體驗在海外當學生的生活，也可以趁此機會四處旅行。

❹ 國際實習：進入職場前，如果希望體驗跨國職場文化，但是又礙於直接在海外工作的門檻或機會成本太高，國際實習是非常好的敲門磚，有機會搶進自己的理想職缺，增加在國外工作的機會。即使返回臺灣，也比一般人在履歷上多了外商就業的優勢。

以我爲例，我剛拿到碩士學位時，參與教育部的國際實習計畫，先去歐洲的電子公司實習，擔任研發工程師，累積一點與專業相關的海外經驗，回到臺灣後也因此進入理想外商

工作。

❺出國留學：對於家境好的孩子而言，出國留學可能是習以爲常的選項，但是對於像我這樣家境小康的人來說，其實小時候想都沒有想過；不過，長大以後才發現，只要有心，在大學國際事務處有非常多留學資源與獎學金，門檻並沒有大家想像中的高。在學生時期，做好該做好的事，也可以幫助自己爭取機會拿到獎學金出國留學。

另外，除了自費、獎學金以外，還有第三種方式，就是企業贊助留學，例如：企業贊助你的全額學費，但是需綁三年工作約，如果學校不錯，你的全額學費差不多是未來工作第一年的年薪，就看每個人的取捨了。當然，如果願意背負貸款，政府也有大約200萬額度的海外留學優惠貸款可以申請。

❻打工度假：打工度假在臺灣並不稀奇，特別是澳洲打工度假，加上這幾年來英國、愛爾蘭、德國打工度假也越來越流行，相信不少人身邊都有朋友嘗試過。

不過蕾咪希望提供大家多一點想像，打工度假，不只是新聞媒體報導的餐廳服務生、農場、屠宰場這類勞動型工作，事實上，好好檢視你在臺灣的專業，說不定也有機會在澳洲謀得不錯的工作機會。例如：身邊有朋友是商學背景，藉著到英國打工度假一年期間，找到當地海外電商的正職，也有設計師或工程師朋友在英國謀得不錯的職缺。

你的打工度假可以是度假，也可以是打打零工，但也可能變成海外工作累積專業的開端，如果有資金的限制，可以

寫企畫書申請政府的海外青年體驗貸款，約有12到15萬的額度。

❼ **工作出差／研討會／參展**：談到工作，並不是每個人的家庭狀況都適合長期旅居海外，這時選擇偶爾出差一陣子，就滿適合這類型的人。臺灣是高度依賴貿易的國家，只要願意找尋，不論大企業或中小企業都不乏這類職缺。

蕾咪好幾次在機場巧遇臺灣人，發現他們大部分都是這類型商務人士，有的還會向公司多申請一些假期，讓自己有機會到處走走；或是參展後必須留下一段時間做客戶的後續跟進，也是工作出差的人短期旅居海外的原因。

❽ **工作外派**：總公司在臺灣，但是被公司派駐海外，這是臺灣企業目前的趨勢，但是以現況來說，這類工作機會多以東南亞或中國居多，特別是亟需開發新市場的地區，公司會希望徵求年輕新血前往異地工作。

在選擇這類工作時可以思考一下外派地區是否有發展性，通常會有額外的外派加給；替公司在當地打下事業基礎後，如果表現不錯，也比一般同儕更有機會升遷，晉升該地區管理職。

❾ **海外工作**：早期曾寫過一篇「臺灣人才外流有多嚴重？」的文章，相信大家這幾年也明顯感受到許多朋友前往海外工作的比例逐漸提升，不只是歐美日韓等國家，前往中國與東南亞也不在少數。在臺灣持續培育出優秀人才，卻找不到適合職缺時，這是必然的結果。

第一步 認識金錢
做好財務規劃，管理你的收入來源

第二步 用時間賺錢
打造你的黃金履歷，提高主動收入

第三步 用錢賺錢
堅守投資紀律，做好資產配置

因此想給大家一個概念，基本上在臺灣完成大學學歷並累積專業，並不需要擔心在海外無法勝任工作，事實上你與外國人的差別只有語言不同，特別是英美兩國，對於海外族群的接受度較高。只要你有足夠的專業能力，不乏理想的工作機會，當然一定比在國內找工作更具有挑戰性。

❿ **海外創業**：有些好朋友正在美國與中國創業中，許多人拿到金額不小的天使資金，比起臺灣市場，在這兩個國家創業比較容易規模化，他們也非常鼓勵外資進來，因此為了創業而旅居海外的朋友也越來越多。

不同的是，海外創業的節奏超乎我們想像的快，市場隨時在改變，如果沒有前面九項任何一樣海外生活經驗的人，光是文化差異與做事風格，可能就夠心力交瘁了。但優點是他們總是拿到第一手資訊，很多在臺灣還不夠成熟的技術或行銷模式，卻在中國或美國早已行之有年，加上資金優勢，這也是為什麼越來越多臺灣人選擇到中國或美國創業的原因。

⓫ **依親居留**：某些朋友因為另一半或子女的因素而依親居留國外，這些因為不在我們自己可以控制的範圍，就不多做討論，通常可能是另一半選擇到海外工作，所以共同前往。

⓬ **移民國外**：移民國外根據不同國家有不同的方式，一般年輕人通常有年紀與專業移民優勢，例如護士、工程師等專業。如果創業有成或握有資金，則可以選擇投資移民，其他更細節的方式，我沒有多做研究，因為我以身為臺灣人為榮，也很喜歡臺灣的美食小吃與生活，所以這就交給專業人

士著墨了。

沒錢也能為自己加值，從政府補助下手

如果你已經不是學生，而是職場新鮮人或上班族，該怎麼做呢？以下提供幾個蕾咪曾經善用負債來投資自己的計畫，希望能為你們帶來啟發。

蕾咪實例：

【學生時期】
· 申請助學貸款，就讀臺大研究所。
· 申請學海築夢計畫、青年海外體驗專款，前往歐洲實習半年。

【轉職期間】
· 申請青年就業讚計畫12萬，進行轉職進修，包含行銷、外語、品酒、ITI國企特訓班等課程。
· 申請產業人才投資方案，進修會計財務、商業管理等相關課程。

【創業期間】
· 善用新創圓夢網的教育培訓與顧問諮詢服務，同時也參與相關創業交流活動。

當我們分享自己的歷程時，總有些人誤以為「你們的人生

第一步 認識金錢
做好財務規劃，管理你的收入來源

第二步 用時間賺錢
打造你的黃金履歷，提高主動收入

第三步 用錢賺錢
堅守投資策略，做好資產配置

就是比較順利啊」！

老實說，並不是每次申請都是順利的，在就學期間，我曾想申請校內的出國計畫，但是因為缺乏自信勝任，放棄申請；在重新摸索職涯方向期間，我曾經報考過職訓局考試，沒有錄取；也曾經申請過英國打工度假，沒被抽中；曾經計畫大學畢業後，累積職場兩年經驗，再申請海外留學貸款去國外讀MBA，但是因為無心插柳考上臺大研究所，於是因為家人的壓力，改變了原本為自己設定的升學計畫。

親愛的，我失敗過，被拒絕過的次數絕對比你們想像中多得多。然而我相信生命中每個事件，不論是讓我快樂或難過，都是最美好的禮物。

大家可以根據自己需要，尋找相關的關鍵字，以及許多我可能沒有留意過的資源，練習養成找資源的能力。不要害怕上網發問，也不要讓內心恐懼的小聲音輕易阻撓你成功，先從計畫性地累積專業實力開始，認真工作，擴大我們的主動收入吧！

聊完了蕾咪是如何打造自己的黃金履歷，從甫出社會月入2到3萬，一路成長到六位數以後，希望也能給你們一點啟發。現在輪到你們做好擴大主動收入的準備了！

圖表2-2：常見的政府補助與貸款資源

政府單位	計畫名稱	簡介
教育部	學海築夢計畫	在學學生
勞工局	職訓局	依照課程定價而訂，約市價二到三折，需曾投保過勞保
經濟部	海外青年體驗專款	額度15萬
	海外留學貸款	額度200萬
勞動力發展署	產業人才投資方案	三年7萬，需有勞保資格

※試試看：打造黃金履歷前，先找出自己的理想工作需要哪些條件？

Step 1. 在工作媒合平臺尋找理想職缺。

Step 2. 詳細檢視職缺的描述，包含能力要求，並開始設定自我培養計畫。

Step 3. 找到業內相關人士或前輩、學長姐打聽業內的實際工作狀況。

第一步 認識金錢
做好財務規劃，管理你的收入來源

第二步 用時間賺錢
打造你的黃金履歷，提高主動收入

第三步 用錢賺錢
堅守投資策略，做好資產配置

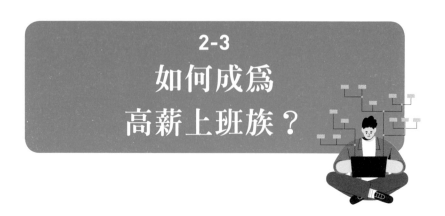

2-3
如何成為
高薪上班族？

　　有時會看見酸民留言，說蕾咪本來就是人生勝利組，所以分享的投資理財方式不值得參考，無法複製；但是隨著自己輔導過越來越多成功案例，順利脫離原本的受薪階層，甚至成長到月收入超越過往年收入的情況，我相信總有些方法能讓他人受益。

　　如果你是一般上班族，我建議你將這段話謹記在心：「你不為自己人生做計畫，就會有人為你的人生做計畫。」

沒有一技之長怎麼辦？

　　這對我來說是一個無病呻吟的問題，因為我的答案會是「那就去培養一個」。沒有人一出生就有一技之長，你羨慕的專業人士都曾為自己的技能下過苦工，也曾經歷過那些他們不喜歡的部分，即使有再多的熱情，每個專業背後都會有我們喜歡與不喜歡的部分。

當你找到有熱情投入的事業時，就要有心理準備，每一次人生的重大突破都勢必會先經歷瓶頸期；就像我們挖礦一樣，多數時候總是無聊地重複一樣的動作，拚命地鑿向土地，直到有一天發現寶物爲止。

不知道該怎麼選擇？那麼就都去試試看。

蕾咪從小就知道數理是我的天分，除此之外，我並沒有一技之長，直到我推甄上高中以後，因緣際會和美術班好友去學國畫，才發現自己還有繪畫藝術的天分，練習兩、三個月就可以達到別人數年的程度，也因此成爲繪畫老師們重點栽培的對象，參加全國美術展。

可是，如果我這一輩子都不曾碰觸畫筆，可能直到死亡，此生都不知道自己擁有藝術天分；而所謂的天賦並不是依賴開悟發現，而是經過大量摸索嘗試，才可能覺知到生命中所擁有的禮物。與其恐懼自己沒有一技之長，不如讓內心歸零，帶著孩童般的好奇心去體驗看看生命中的各種事物。

如何做好時間管理，比別人更有效率？

常常有人問蕾咪，爲什麼擁有這麼多技能？到底哪來這麼多的時間？

這讓我想起一本改善工作效率非常有幫助的書《就是比你早下班3小時》，書中透過分類、歸納、整理的方式，讓生活中細瑣浪費的時間降到最低，像是將工具分類、東西定期歸

第一步 認識金錢
做好財務規劃，管理你的收入來源

第二步 用時間賺錢
打造你的黃金履歷，提高主動收入

第三步 用錢賺錢
堅守投資策略，做好資產配置

位、檔案立刻建檔、手頭的工作分成緊急、重要幾種類型。

我相信，看到這裡的你，一定閱讀過大量的時間管理知識，可是一定也曾感到力不從心，覺得時間總是不夠用，卻看到別人可以從容完成許多你無法完成的事項。這時要把握一個原則「產值比工時更重要」，想要成為高薪工作者，基本衡量自己收入的方式就不應該由工時下手，而是從產值下手，如果可以有效率地提升自己每單位時間創造的產值，這世界自然不會虧待你。

在我大學畢業剛出社會時，還只是月薪2、3萬的小小工程師，後來發現，同樣的問題我需要花費兩週時間釐清並撰寫程式解決，但是資深工程師前輩因為長年累積的經驗與深耕的技術能力，可能只需要兩小時就能寫出一個更快更好的程式碼，解決相同的問題！

從那時開始，我意識到即使我們擁有同樣的職稱，卻因為專業能力的高低，而在同樣的時間內創造出差距極大的產值。比起羨慕忌妒別人為什麼領高我們幾倍的薪水，不如好好檢討自己，是不是在哪個環節裡曾經敷衍了事，而錯過了本該穩札穩打的基本功。

量變會造成質變。就讀大學時，即使念起來吃力，還是堅持讀原文書，而且盡可能不使用中文版課本，在學期間，雖然比一些同學吃力許多，可是當我進入職場後，我可以輕鬆閱讀IEEE的規格文件；在國外工作時，我不必擔心需要閱讀更多原文書來解決工作上的問題，甚至遇到難解的程式問

題，也可以直接上國際技術論壇找尋答案。

　　當年在校時的小小堅持，讓我可以順利在海外工作，即使客觀來說，我的外語能力並不強，但是專業文獻，甚至是技術相關的英文討論，都還算可以應付。

增加主動收入的三大主流策略：
垂直深化、跨領域整合、興趣盤點多元收入

垂直深化

　　假設你是網站前端工程師，爲了寫出更好的網站，你開始研究後端開發，就可能讓你原本3到5萬的薪資行情大幅提升至8到10萬。同樣是網站工程師，因爲對於某個特定領域的專精與了解，就能順勢提高自己的收入水平。

跨領域整合

　　假設你是軟體工程師，擅長開發一般電腦用軟體，這時的市場薪資行情大約在4到6萬不等，但如果你同時擁有資訊工程與金融領域的專業知識，協助金融科技公司開發平臺，就會成爲市場炙手可熱的人才，收入水平也會水漲船高至六位數以上。

　　業務談判與外語能力也是一種非常容易跨領域整合的能力，不管你屬於哪一種專業職能，只要搭配優秀的外語能力，不論是精通英文或日語，都可以大幅地爲自己的職涯選

第一步 認識金錢
做好財務規劃，管理你的收入來源

第二步 用時間賺錢
打造你的黃金履歷，提高主動收入

第三步 用錢賺錢
堅守投資策略，做好資產配置

擇與本業職能加分，也能拓展個人的職涯發展機會。例如，同樣是服務人員，外語能力強的有機會成為空姐；同樣是貿易人員，外語能力強的會被公司優先選擇外派，進而拓展視野。

興趣盤點多元收入

你是一個工程師，興趣是攝影，除了本業以外，下班時間會去學習攝影知識，也開始嘗試自己接案，那麼除了工程師收入以外，你還多了一份攝影師的收入來源，雖然不是本業職能的提升，仍能幫助你提高整體月收入。

許多人財務規劃遇到瓶頸，來自於不知道自己適合從哪裡打造新的多元收入，以下給大家一些小小範例，希望能為你們帶來靈感。如果本業並不是自己的熱情所在，可以嘗試從自己喜歡的事情下手。

不管是哪種類型的興趣，都自有變現的模式，甚至也可以嘗試先從兼職起步，讓自己更加釐清這些興趣適合作為單純的消遣，或是可以發展成一門事業。

圖表2-3：從興趣發展成事業

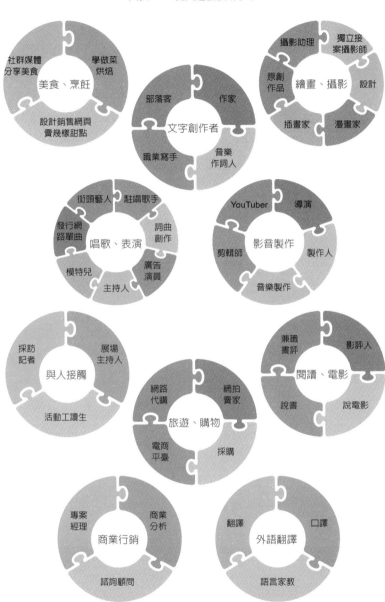

第一步 認識金錢
做好財務規劃，管理你的收入來源

第二步 用時間賺錢
打造你的黃金履歷，提高主動收入

第三步 用錢賺錢
堅守投資策略，做好資產配置

熱情：美食、烹飪

事業：分享美食 / 烘焙教學 / 販售甜點

喜愛享受美食，可以透過照片分享在社群媒體上；喜歡烹飪，可以先從學習做菜烘焙開始，藉由設計銷售網頁，幾樣甜點就可以開始一個小事業。

熱情：文字創作者

事業：部落客 / 作家 / 職業寫手 / 音樂作詞人

文字工作者的發展有非常多面向，成為部落客、作家、職業寫手、音樂作詞人等都是適合發展的路線。先不要預設立場擔心自己的文筆好不好，先開始動筆最重要。

熱情：繪畫、攝影

事業：攝影助理 / 攝影師 / 設計師 / 插畫家 / 漫畫家

喜歡繪畫攝影、圖像視覺創作的人，從進入攝影工作室成為兼職攝影助理，到成為獨立接案的攝影師，甚至嘗試發揮才能，創造原創作品，成為設計師、插畫家、漫畫家等都是適合發展起步的事業。

熱情：唱歌、表演

事業：街頭藝人 / 駐唱歌手 / 模特兒 / 主持人 / 廣告演員

喜歡唱歌的你，可以先從街頭藝人、駐唱歌手、發行單曲開始；喜歡表演的話，不管是模特兒、主持人、廣告演員

等都可以積極嘗試，不需預設立場，不必擔心顏值不夠
帥、不夠美。以演員為例，需要各種風格角色的演出，才
能塑造出一部好看的作品。

熱情：影音製作
事業：YouTuber／導演／剪輯師／製作人／音樂製作
喜歡影音內容創作的你，除了在幕前成為YouTuber外，
也可以嘗試幕後的導演、剪輯師、製作人等相關類型，甚
至音樂製作等，都屬於此範疇的興趣收入來源。

熱情：與人接觸
事業：採訪記者／展場主持人／活動工讀生
喜愛與人群接觸，不論是採訪記者、展場主持、活動支援
等，都可以幫助自己兼職加薪與發揮才能。有的人本業可
能是偏事務型的工作，如果沒有機會轉換工作類型，那麼
多嘗試不同的可能也是很好的方式。

熱情：旅遊、購物
事業：網路代購／網拍賣家／電商平臺／採購
喜歡出國旅遊購物，網路代購、網拍賣家、電商平臺都是
可以發展的方向，有人喜歡購物，進而培養好的採購眼
光，這也是非常好的技能。

第一步 認識金錢
做好財務規劃，管理你的收入來源

第二步 用時間賺錢
打造你的黃金履歷，提高主動收入

第三步 用錢賺錢
堅守投資策略，做好資產配置

熱情：閱讀、電影

事業：書評／影評／說書人

喜歡閱讀與看電影，有機會成為兼職書評或影評，分享自己的觀點與想法，不管是透過文字、語音、影像等媒介來分享，都是非常好的方式。

熱情：商業行銷

事業：專案經理／商業分析／諮詢顧問

除了娛樂類，有人對商業分析與行銷規劃非常有熱情，也能提供有價值的服務，即使鑽研的知識與本業無關也很好，可以朝向專案經理與顧問諮詢等方向發展。

熱情：外語翻譯

事業：翻譯／口譯／語言家教

許多人對某些國家的語言情有獨鍾，這時候學習外語與當地文化，除了當作興趣外，也可以變成翻譯、口譯、語言家教等兼職機會。

找到適合自己的兼職收入後，我們將會面臨市場最實際的考驗，分別可以從業務、法務、財務等三方面考量，其中，法務問題各產業情況差異頗大，在此暫不討論，這裡單純從推廣業務與財務規劃部分著墨，當你從E象限（僱員）成功跨足S象限（自僱者）以後，該怎麼讓自己在這個階段生存下

去，甚至獲取高於一般上班族的收入。

想創造非工資收入，只有投資股票嗎？

股神巴菲特說：「別人貪婪時，我恐懼；別人恐懼時，我貪婪。」股市上沖下洗時，相信許多投資人心裡都在洗三溫暖，但是對股票新手呢？這樣的情形正好是開始學習的好機會，因為景氣總歸循環，越年輕時碰到熊市，就越有機會趁年輕時低價買進存股，盡早累積資產。

然而，下班後創造收入的來源，只有股票投資一種嗎？在這裡我想分享幾種非工資收入類型，幫助大家快速創造多重收入來源。

薪資收入外，創造額外收入的五種方式

在我們本薪不高時，提高主動收入是一件非常重要的事，如果專業職能還無法跟上，打造多重收入則是最常使用的速成方式。上班以外的收入來源，最常見的有以下五種：兼職接案、獎金獵人、經營網站、股票投資、網拍電商。

以下根據每一個方式來分享如何打造收入來源：

❶ **兼職接案**：關鍵是清點自己的興趣與才藝，從平日的興趣下手，或是過去在學期間曾經學習過的技能，常見的有翻譯、文案、美編、排版、影音剪輯等，都是非常好入門的兼職接案技能。

第一步 認識金錢
做好財務規劃，管理你的收入來源

第二步 用時間賺錢
打造你的黃金履歷，提高主動收入

第三步 用錢賺錢
堅守投資策略，做好資產配置

❷**獎金獵人**：如果有意願發展第二職涯，例如：設計、歌唱、跳舞、寫作、攝影等，這些都有各式各樣的公開比賽，不但能磨練技能，還能順便賺取獎金，認識更多同好，是我個人非常推薦的方式。一開始比賽不一定能得獎，但是在時間期限內有目標地完成作品，卻是非常好的訓練。

❸**經營網站**：對於沒有資產的人而言，經營網站是低成本的入門方式，現在架站方式都非常簡單，透過快速套版架設自己想要的內容網站，並且累積內容或線上作品集，都可以藉由累積流量創造更多副業收入來源。

❹**股票投資**：許多人想到理財的第一件事情就是股票投資，這的確是增加業外收入的方式，除了買賣賺價差、領取股息之外，股票抽籤（俗稱「股票大樂透」），也是可以賺取股票套利的方式。不過股票投資需要做許多事前功課，比較難在短期內保證有穩定獲利。

❺**網拍電商**：把東西拿去網路上賣，也是很好的多重收入來源，因為不受地域限制，只要有電腦，手機拍照，上架售出，就能夠換取現金。如果一開始還不太敢投入太多，可以先從家中不需要的物品變賣開始，熟悉網拍平臺、如何與買家交涉，之後再發展成自己進貨買賣的模式。

關於國稅局，想兼職的你該知道的事

我很喜歡在國稅局的所得項目清單中尋找靈感，藉此觀察大家是怎麼賺錢的？也能窺見各式各樣的商業模式。其實只要檢視這些資訊，就能發現更多適合自己的變現模式。

舉例來說，國內所得中的9B「稿費及講演鐘點費」的說明文字是這樣的：

所得編號：9B稿費及講演鐘點費

稅務規定：免稅額18萬元

詳細說明：
1. 專題演講費。
2. 非僱用關係取得之翻譯費、改稿費、審查費、審訂費。
3. 稿費、版稅、樂譜、作曲、編劇、漫畫（以上係指出版或刊登於報章雜誌，包括圖片、照片）。
4. 碩博士生論文指導費。
5. 教師升等審查費。

由此可看出，不論是演講、翻譯、寫稿、版稅、樂譜、作曲、編劇、漫畫，都是創造收入的一種方式，其中9B強調的是「非僱用關係」，因此也代表外包案件中大多有這些項目。

再舉個例子，國外所得中的19D「專業技術性收入」：

19D專業技術事務收入

稅務規定：最低稅負門檻670萬

詳細說明：提供國外有關法律、會計、管理顧問、公關、廣告、市場調查、民意測驗、商業展覽、公證、檢驗等服務收入，包括董監事酬勞。

第一步 認識金錢
做好財務規劃，管理你的收入來源

第二步 用時間賺錢
打造你的黃金履歷，提高主動收入

第三步 用錢賺錢
堅守投資策略，做好資產配置

簡單來說，如果屬於專業技能，提供海外客戶法律、會計、管顧、公關等服務，都是我們可能創造收入的來源，並且適用海外最低稅負門檻670萬元，意思是低於670萬不需繳稅。

國稅局的所得清單是個好東西啊！我們可以藉此激發自己的想像力，順便盤點自己的能力，找到更多適合賺取收入的方式。

2-4
接案族生存守則：
如何跨出第一步？

　　想要從E象限進入到S象限，最簡單的方式就是接案，但是許多人往往跨不出這一步，甚至即使開始了，也不知道怎麼開始招攬生意。以下分享蕾咪自己跨入自由工作者，以及協助一些朋友順利開始接案的方法，希望對於未來想跨入S象限的人有幫助。

　　對接案者來說，回歸本質就是如何做好個人品牌行銷規劃。

　　行銷學上最基本的觀念就是4P原則，包含：產品（Product）、價格（Price）、通路（Place）、促銷（Promotion）。其中順序很重要，有了產品，才可以適當的訂價，有了價格才知道哪裡是適合的通路；有了以上三者，促銷方案才能帶來效益，因此可以思考一下，你的個人品牌提供什麼樣的產品或服務？價格區間怎麼設定？以及該在哪裡銷售？還有，是否有定期的促銷節慶或方案？

　　在規劃產品前，對我來說最受用的部分是先做好品牌定

位（STP），包含了市場區隔（Segmenting）、選定目標市場（Targeting）、市場定位（Positioning）這三個步驟。行銷學有一句話：「什麼都想要的市場，就等於沒有市場。」所以在一開始找到自己能先著力的目標受眾（TA，Target Audience）非常重要。

圖表2-4：品牌定位STP 三步驟

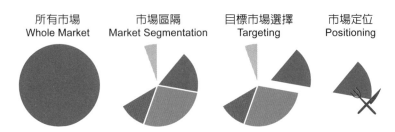

市場區隔就是透過年紀、性別、職業、興趣類別、生活型態來區隔不同類型的人，其中，生活型態的精準度最高。假設你是做設計的，可以思考一下，你的設計是賣給個人或企業？將使用在哪裡？使用頻率多少？網路呈現或實體印刷？這一步驟就是進行市場區隔，之後選定一個你擅長的目標市場，並且作為自己主要的品牌定位。

在做品牌定位時，也許會陷入迷惘，特別是我們不知道自己擅長或不擅長什麼時，這時就可以拿出SWOT分析：優勢（Strength）、劣勢（Weakness）、機會（Opportunity）、威脅（Threat），來了解自己的內部優勢與劣勢，外部的機會與威脅，並找出核心競爭力。

圖表2-5：找出自己擅長或不擅長什麼領域的SWOT分析練習

正面要素	優勢 Strength 你（競爭對手）是否掌握關鍵能力？最擅長什麼？最適合做什麼？	機會 Opportunity 你（競爭對手）的產品、技術、服務是否能找到新的利基市場？是否能有新的發展？
負面要素	劣勢 Weakness 你（競爭對手）的能力或潛力，是否突顯出你最不擅長什麼領域？最不適合做什麼？	威脅 Threat 你（競爭對手）的產品、技術、服務是否會被取代？市場是否惡化當中？
	內部因素	外部因素

※資料來源：參見《決策技巧》（台視文化公司出版）。

分析完以後，我們通常會建議選擇「SO強者策略」，也就是找出自己最擅長的事情，結合眼前的機會點，把事情做到最好；而不擅長的地方，就交給其他擅長的人幫忙。

圖表2-6：透過SWOT分析，找到自己的「SO強者策略」

	優勢 Strength	劣勢 Weakness
機會 Opportunity	策略1：攻擊策略（SO強者策略） 活用機會，以優勢一決勝負	策略3：改善策略 克服弱點，活用機會
威脅 Threat	策略2：游擊策略 活用優勢，克服威脅	策略4：防守／退出策略 克服弱點，戰勝威脅

找到核心競爭力以後，就可以定義自己的獨特賣點 USP（Unique Selling Proposition），放進個人或產品簡介裡，稍候會一併舉例說明。隨著個人品牌的發展，我們可能會有非常多的機會，但也會逐漸失焦，這時候就像樹木需要定期修剪一下，需要重新聚焦自己的核心競爭力與獨特賣點，才能夠讓資源集中在最有利方向，長久發展個人品牌。

舉例來說：珊珊是個設計師，最擅長畫插畫，精通日文，同時可以做商標設計、平面設計、網站設計。這時候珊珊的SWOT分析可以先找出自己最擅長的事情，例如：繪製插畫、精通日文，這可能是別人難以取代的能力；弱勢是雖然會網站設計，但是不太懂設計網站所需要的CSS語言。

圖表2-7：設計師珊珊透過SWOT分析，找到自己的「SO強者策略」

	優勢 Strength	劣勢 Weakness
機會 Opportunity	攻擊策略（SO強者策略）： · 精通日文，可和日本人溝通，可以考慮拓展日商市場。 · 曾留學日本，了解日本文化，知道怎麼跟日本人談生意。 · 擅長插畫設計，具備獨特性，可以專注提供插畫類型平面設計。 · 可以嘗試在網路上分享作品集，將過去的插畫設計、平面、網站設計放入，增加案源的接觸機會。 · 可以主動去外包網提案。	改善策略： · 作品產出速度太慢，可以專注在量少質精的插畫型設計作品。 · 不太擅長推廣業務，可以透過網路多打廣告，讓別人看見自己的服務。 · 風格不夠強烈，可以多參考網路上其他人的作品，調整自己的風格。 · 網站設計不懂基礎排版語法CSS，可以在網路轉發案件給其他人，共同完成提案。 · 作品太少，名聲不大，透過網路廣發作品，讓更多人認識自己。
威脅 Threat	游擊策略： · 強調自己精通日文與了解日本文化的獨特性，拉高單價，案量少也不至於無法生活。 · 強調插畫平面作品，建立獨特性，避免和同類設計師競爭。 · 可以多出席與日商交流的場合，展現溝通能力，並推廣個人業務，改善客戶群不多的問題。 · 提供完整的設計方案，包含插畫、商標、平面與網站設計，拉高單一案件的報價。	防守／退出策略： · 網站設計不懂基礎排版語法CSS，同類競爭者多，建議退出市場。 · 作品出產的速度慢，作品太少，案量不穩，集中火力增加作品數量。 · 名聲不大，不太擅長推廣業務，導致客戶群不多，找到擅長推廣的夥伴。 · 風格不夠強烈，同類競爭者多，找出自己創作風格。

相較於什麼設計案都接，珊珊專注在自己最擅長的領域可能效益更高，像是結合插畫的平面設計，或是與日商接洽的設計案，這些都可以是結合自身優勢創造案源的方向。

如果她接的是網站設計的案子，也許會有不錯的收入，但是做起來吃力，競爭者又比自己強上許多，像這種遇上個人弱勢與外部威脅較多的狀況，通常不利於作為主力產品或服務。

所以假設你是珊珊，可以嘗試推出插畫平面設計、日商合作相關作品集，並在履歷上強調個人特色，這樣一來雖然可能錯過很多網站設計案，但一般客戶只要想到插畫平面設計或需要日文溝通的設計案，第一個就會想到你。這就是透過SWOT分析找到核心競爭力（SO強者策略）後，找到自己的獨特賣點（USP）的方式。

如何推廣個人業務？

根據以上行銷分析方式，可以幫助我們做出自己的銷售簡報（Sales Kit），就像產品本身有銷售簡報一樣，我們的個人品牌或提供的服務，也同樣可以為自己打造適合的銷售簡報，讓潛在客戶在最短時間內認識我們的價值。

以蕾咪的客戶來源為例，通常來自三種管道：

❶ **同業推薦**：這是我一開始增加案源的方式，因此在接案

第一步 認識金錢
做好財務規劃，管理你的收入來源

第二步 用時間賺錢
打造你的黃金履歷，提高主動收入

第三步 用錢賺錢
堅守投資策略，做好資產配置

機會增加以後，遇到不是自己最擅長的業務時，也開始喜歡推薦同業給客戶，客戶因為我的推薦節省大量的時間，順利解決問題，而同業也因此增加案源，讓彼此推薦成為一個正循環。

❷ **客戶推薦**：比起喜歡到處社交、認識不一樣的人，藉此增加自己的人脈，我更相信好的人脈來自於真正的合作關係。對我而言，拓展商業人脈的最好方式，就是把眼前的客戶服務好，客戶滿意以後，自然會主動推薦更多客戶來找你，而他們都是我最好的保證人，這也是我案件源源不絕的最主要原因。

❸ **善用平臺**：除了仰賴前述兩種人脈關係以外，在一些大型平臺放上完整自介與作品集，也是被動開發陌生客戶的好方法。相較於前面兩者，靠平臺找客戶需要花更多時間篩選案源，也需要透過需求關鍵字的優化，讓客戶可以輕易搜尋到我的服務。

如何在平臺上更容易被看到？

網路上常見的案件平臺有Tasker、104外包網、PTT soho版等，都可以找到各種接案機會。因為我的團隊經常發案，以下分享幾位資深專案經理的經驗分享，讓大家參考一般發案者通常會注意到哪些條件來決定是否發案給你：

❶ **資訊完整度高**：作品集完整、工作經歷相關性高。

❷ **溝通良好有禮貌**：不管才能有多強，態度惡劣的接案者一律會成為黑名單。

❸ **案件配合度高**：處理急件時會成為優先合作條件。

❹ **準時交件**：這是所有案件合作的最低要求，也是業主最在意的重點之一。

❺ **簡介有邏輯**：自我描述不要太過流水帳，以免對方覺得這個人不容易抓到重點。

其實一開始接案時，蕾咪並不擅長找尋外包的合作關係，也不太懂應該如何做篩選。後來一位朋友跟我分享，對他來說，外包合作夥伴只有兩個要求，第一是準時，第二是品質，兩個各自占了50分，少了其中一樣都算不及格，就可能替換外包夥伴。

了解發案者在意的接案者條件以後，接下來，如何讓自己可以在Google搜尋或發案平臺的第一頁被找到。因為多數人在尋找答案時，如果第一頁就有解決方案，通常不會點到第二頁去。根據數據統計，排名第一頁通常吃掉大約80%以上的流量，而第三頁以後幾乎不會分到任何流量，因此不論經營哪一種平臺，我都會做搜尋引擎優化（SEO）。

當別人在Google搜尋他的需求時，你的網頁是否可以出現在第一頁？在Yahoo奇摩拍賣、momo商城、露天拍賣、蝦皮拍賣，別人搜尋需要的產品，你的產品是否可以在第一頁？

當業主想要在平臺發案時，他搜尋你所提供的相關服務時，你是否能比競爭者的排名更前面？多數時候別人不是能力比你強，而是比較有機會被看見。

特別注意的是，在做搜尋引擎優化（SEO）時，我們應該耕耘的往往不只是自己的品牌名稱，而是透過需求關鍵字來找到潛在客戶。比如說，我有一位朋友是歌手，他的主要收入來源是商業表演，包含尾牙、春酒、品牌活動等，這時候他要做搜尋引擎優化（SEO）的重點是「客戶需求」關鍵字，而不是「他的名字」，因為只有本來就認識他或想找他的人才會搜尋他的名字，而其他潛在客戶則會搜尋「尾牙表演」「婚禮歌手」「品牌活動／表演」等需求關鍵字。

如果想更主動出擊，那麼投放廣告更能讓你被看見，可以說是最直接的策略。不管是Google關鍵字廣告、Facebook社群廣告、Instagram限動廣告，都是在網路上行銷自我時提高轉單率最高的方式，只是成本高低牽涉到投放技術的好壞，因此也需要花時間耕耘。

最後，如何讓廠商想主動聯繫你？

即使我們已經有能力帶動流量到自己的介紹頁，每個人的成交轉換率還是差了許多，到底問題出在哪裡？

如果提供的是固定的產品服務，可以提供完整的作品與見證分享。有人會覺得價格公開會降低成交率，事實上正好相反，這可以快速篩選適合你的客戶，讓預算不夠或需求不同的客戶知難而退，而我們只需要專注在那些已經接受價格與

服務內容的客戶就好。

在銷售轉換頁（Landing Page）的設計上，通常會有一個簡單的頁面呈現邏輯，從消費者痛點或需求點開始，帶到你的解決方案，接著來到見證與相關作品經驗，最後才是選購成交。在前面先建立客戶的信心，就能大幅提高成交轉換率，而每一個銷售轉換頁的網頁配置，就是代替我們說服客戶買單的過程。因此，用心設計自己的銷售簡報或銷售轉換頁，就像是培養一個好的網路業務員幫你推廣業務、增加訂單。

如何為自己設定接案價格？

在一開始接案時，大部分人最頭痛的問題，往往是不知道該怎麼為自己設定接案價格，甚至常常不知道自己的行情在哪？不是害怕價格太低，導致不符合時間成本，就是擔心價格太高，接不到案子，導致生活無以為繼。

因此，這邊提供幾種方式讓大家比較有方向地去設定自己的接案價格：

第一步，調查市場行情，特別是客觀條件和自己相關的競爭者，目前普遍的市場訂價是多少？如果因為競爭者眾導致價格偏低，這時候就可以開始比對一下，市場當中的高價接案者有何競爭優勢，可以維持高價接案。

第二步，有意識地幫自己設定未來的目標價格，有計畫地提升個人能力，讓自己可以有效益地定期漲價，累積出作品集

第一步 認識金錢
做好財務規劃，管理你的收入來源

第二步 用時間賺錢
打造你的黃金履歷，提高主動收入

第三步 用錢賺錢
堅守投資策略，做好資產配置

與差異化的優勢。這時就要回到我們先前提到的SWOT分析練習，找出自己的核心競爭力，並且創造出無可取代的價值。

第三步，透過市場反應來估價。有時候設定了價格以後，可能會發生案量太多或無法順利接案的情況，案量如果超載影響到品質，就可以評估是否報價太低，可以適時調漲價格；無法順利接案的情況下，則不可輕易降價，以免造成過往客戶混淆，而是採用短期促銷方案，讓案件可以順利進來是比較好的方式。

別再苦苦找案子！
如何讓更多案子主動找上你？

與其忙著社交建立人脈，不如讓客戶成為你的推薦人。這是我在接案過程中，奉為圭臬的一大原則。許多人認為人脈就是錢脈，這句話或許只對了一半，如果那些人脈只是酒肉朋友與泛泛之交，從來沒有過合作關係，不了解彼此的做事習慣，甚至沒有過任何商業上的往來，沒有建立過關於專業信任的印象，這些人脈關係是不太可能帶來業務的。

可以試問自己，什麼樣的人，我們會願意轉介案件或推薦對方一些商業合作機會？通常大都是我們曾經共事過、聽過他人口碑的推薦，甚至知道對方就是一個待人處事非常有責任感的人，才會比較有信心推薦其他商業合作機會，或是找對方合作。

因此，真正的個人品牌並不僅止於你在網路的自媒體聲量，更多時候可能也代表你平常待人處事的態度、在其他人之間的口碑如何。這些積少成多的聲音，來自於你的家人、朋友、前同事、前客戶、前學生，甚至競爭對手，慢慢累積出個人品牌的口碑。

因此不要單純有利益往來才和人交好與交際，成為一個索取者，可能會讓自己的世界變得越來越小。試著成為一個互利者或給予者，可能會讓你的接案旅途走得更加順遂。

綜合以上，我強烈建議打造好自己的銷售簡報，並明訂價目表，是節省彼此時間的好方式。即使目前合作內容不適合自己，也可以將銷售簡報當做個人傳單或名片一樣廣發給客戶，讓他們知道你提供什麼樣的服務，以及你的價位區間落在哪裡。

即使當下對方手上沒有適合你的案件，但當未來他們身邊的人有需求，或是他們自己有需要時，就會第一個想到你。不必期待每個案件都能馬上成交，但是透過銷售簡報的分享，可以幫助我們在潛在客戶心目中留下印象，這才是真正的目的。

在設計銷售簡報時，我相信有非常多人會遇到的瓶頸是不知道怎麼設計。其實，銷售簡報的設計非常單純，就跟銷售轉換頁一樣，把握一個關鍵原則：先提供價值，再提供價格。從一開始的情境需求與消費者痛點出發，接著提供解決方案，然後提供過往客戶與見證分享；接著，提供價目表與

第一步 認識金錢
做好財務規劃，管理你的收入來源

第二步 用時間賺錢
打造你的黃金履歷，提高主動收入

第三步 用錢賺錢
堅守投資策略，做好資產配置

聯絡方式，讓客戶可以自行選擇。根據「250定律」，每個客戶背後都代表了250個潛在客戶，因此銷售簡報的描述越清晰，就越能幫助你在每次業務推廣時成交率大增。

因此，在做每個版本的銷售簡報時，可以試著回答自己底下的三個問題：

❶ 你的目標受眾TA是誰？

❷ 你希望他們看完以後，對你產生什麼樣的品牌印象？

❸ 你是否提供足夠的資料建立信任，並讓對方有意願採取行動？

如果這三點能夠順利呈現，我相信這一定是合格的銷售簡報。特別注意，千萬不要想用同一個版本打天下，而是試著讓每個版本的銷售簡報都有其專屬的目標受眾，解決特定的問題，就可以讓你的銷售簡報顯得更加專業，也就更容易在客戶心中留下好印象。

再次提醒：什麼都想要的市場，就等於沒有市場，這個觀念在銷售簡報（Sales Kit）與銷售轉換頁（Landing Page）內容規劃上亦然。

如何面對客戶的砍價與殺價？

好不容易順利談進案子，最害怕的莫過於遇到客戶的砍價與殺價，即使非常想接下這個案子，也會因為無法設定適當的底線，可能讓自己忙了半天，卻發現完全沒有賺錢。到底該怎麼在堅持價格與接到案件中達到平衡呢？到底應該怎樣評估自己的價格底線呢？

回到我們先前提到的時薪思維，在接案時可以試著為自己的時間估價，並且在初期以單位工時的方式計算自己的最低報價。隨著個人品牌價值提高，就可以開始使用產品定價的模式，拉高自己的報價。

因此，反推出來的工時單價，如果低於上班時薪，又沒有品牌加值效益，無法對未來的接案產生幫助，建議寧可推掉這樣的案子，也不要勉強接受一個不符合自己行情的價格。

在初期堅持價格是件困難的事，特別是剛開始收入還不穩定時，但如果任意讓自己的價格浮動差距太大，有可能造成劣幣驅逐良幣，讓喜歡殺價的客戶一直壓縮你的價格與利潤，反而讓尊重你專業價值的客戶覺得怎麼你算他這麼貴，被當凱子削了；久而久之，對於市場行情與口碑都會產生不良影響。

在價格落差不大的砍價情形，可以贈送服務或增加案量的方式，來避免價格產生波動。換句話說，如果你要給對方一個合理的降價理由，比如說，要求對方增加案量，一次合作

兩個案件，可以給對方九折優惠；或是送對方一個成本不高的小服務，但是維持原始價格；甚至如果是你熱愛的品牌客戶，也可以給個主觀的說法，告知對方因為對熱愛品牌才有這樣的優惠價格。

總之，所有的降價都該是特例，一定要有原因，而且不能經常發生，未來才能更好堅持自己應有的價格。

如何避免被客戶拖款，順利收到款項？

一個好的業務就是能銷售的業務，而所謂的銷售就是把貨賣出去，把錢收回來！無法順利收回款項的業務就是不及格，身為個人接案者，我們就是自己的業務，因此收款這門學問也是必學的功課。

大部分的人剛出來接案時，都有能力執行並完成案件，但卻對催繳費用與收回款項感到痛苦。就像親友借錢一樣，我們總是不好意思催討，而且容易覺得這樣的自己是否太過計較，不知不覺就讓客戶名正言順、日復一日地拖款了。

這裡想先給大家幾個心理建設，欠錢不還是對方的問題，不是你的問題；但是，如果對方覺得欠錢不還是理所當然，我們就必須擔負一半的責任了。想避免客戶無限期拖款，最好的方式是在最初談妥交件期限的同時，也一併討論付款期限，並且讓交件日與付款日綁在一起。只要預先設定延後交件與延後付款的罰則，就能大幅提升收款效率。

舉例來說，可以在合約中明確表明，交件日後30天以內必須完成付款，當客戶明訂交件截止日是三月底，就可以同時押上付款截止日是四月底，並且明確定義相關罰則，在完成案件時就可以立即開立發票或填寫勞報向對方請款，提醒匯款截止日。

許多人接案收不回款項，往往是因為沒有想到設置期限，因此讓客戶有理由一拖再拖。最不好的流程就是流水帳，一步完成才想到下一步；像是收到案件邀請才提供客製報價，客戶確認合作以後才討論交件日，交件日以後才開始詢問客戶相關的請款作業。這麼一來，中間任何一個環節只要卡住了，都會讓整個案件執行變得沒有效率，時間效期也會越拉越長。

因此，可以嘗試設定自己的接案標準流程（SOP），並在一開始就直接和客戶溝通，不但可以顯示專業，也能有效掌握自己的時間成本與進度。以下簡單舉一個範本為例，大家可以調整成最適合自己業態的模式。

第一階段：天數一到三天，需求分析，提供價目表。

第二階段：天數一到三天，確認接案，告知交件日與匯款日。

第三階段：天數七到十天，案件執行，完成後進行請款作業。

第四階段：天數七到十天，款項確認，進行結案報告。

第一步 認識金錢
做好財務規劃，管理你的收入來源

第二步 用時間賺錢
打造你的黃金履歷，提高主動收入

第三步 用錢賺錢
堅守投資策略，做好資產配置

透過建立接案標準流程SOP，我們才能有優化工作效率的參考基準，未來事業擴大時，也才更知道自己應該納入哪些人才，讓產品服務變得更加札實，對於未來跨足企業擁有者（Business Owner）的B象限，這是非常重要的基本功。

　　談到這裡，相信大家對於成為自由接案者或者自僱者（Self-Employed）也更有概念了。談完如何有效提高薪資所得的多種策略，以及如何創造非上班薪資的收入以後，接下來要談基礎的投資觀念。除了用時間來賺錢以外，也要學習如何透過投資開始用錢來賺錢。

Step Three
第三步
用錢賺錢

堅守投資策略，
做好資產配置。

3-1
想要用錢賺錢必知！
基礎商業邏輯

有家公司老闆面試新業務，給了一道考題「把梳子賣給和尚。」

第一個人告訴經理，和尚沒有頭髮，梳子無法賣！

第二個人來到寺廟，找到和尚把工作的難處說了一遍，和尚買了一把。

第三個人來到寺廟，對和尚說了一番話，卻賣出一萬把梳子。

第三個業務告訴和尚：「梳子是善男信女的必備之物，經常被女香客帶在身上，如果大師能為梳子開光成為護身符，既能積德行善又保佑平安，香客還能為親朋好友請上一把，弘揚佛法，揚我寺院之名，豈不天大善事？」

就這樣，寺院買了一萬把，取名「積善梳」「平安梳」，由大師親自為香客開光，生意十分興隆，絡繹不絕的香客也為寺院帶來更多善款。

這個商業寓言故事「如何賣梳子給和尚」正好說明了銷售過程中，如何創造消費需求與建立有效的商業模式，每一次我對事業感到徬徨時，就會重讀一次，讓自己靜下心來思考，自己是否因為限制型思維而導致事業停滯。

談到「投資」，多數人第一時間聯想到的莫過於「股票投資」，然而我們真的了解什麼是股票投資嗎？什麼又是成為股東？在什麼情況下，我們才願意投資金錢買下一家公司的股權？回歸根本，最終我們都是在投資一家好的公司、好的經營者、好的營利企業。

相較於許多投資理財大師，我只是一個普通人，而且還是個特別懶惰的普通投資人。對我而言，人生的重心在生活本身，所以在時間與心力的分配上，投資從來都不會是特別占用我時間的生活項目。

雖然一開始可能得花點時間做功課，閱讀幾本投資理財好書，參加相關的讀書會，與他人交流，然後從小資本開始練習下單，但之後只要每隔一、兩個月看盤一次，只需投入月收入的10%，就讓自己可以安心睡覺，這就是我追求的投資策略與頻率，也是我建議新手可以開始的方式。

投資理財其實是很個人化的一件事。對於多數擅長炒短線的投資高手來說，我的投資模式看起來可能太過「無聊」，但無論是哪一種方法，只要能讓你感到自在，就是最適合你的方式，一旦讓你感到坐立難安，那就不適合你，並沒有好壞之分。

第一步 認識金錢
做好財務規畫，管理你的收入來源

第二步 用時間賺錢
打造你的黃金履歷，提高主動收入

第三步 用錢賺錢
堅守投資策略，做好資產配置

我們經常聽媒體分享，看各家投資理財大師分享彼此矛盾衝突的投資邏輯，其實沒有人說謊，他們只是剛好找到最適合自己的方式；因此我非常鼓勵大家「早點開始學習投資」，因為投資的本質就像鍛鍊肌肉，需要經過反覆練習，才會慢慢找到最適合自己身體的方式。

停止自責吧！如果現在還找不到適合自己的方式，就拿一點點小錢進入市場測試，摸索出自己能承受的風險等級，以及感到最自在的投資頻率，最後，找出最適合自己的標的。

簡單認識財務三大報表

在「第一步：認識金錢」中我們學到如何正確地設定財務目標，必須先從釐清自己真實的價值觀順位開始。那麼，如果想進一步做好財富管理，應該怎麼開始呢？答案是從清點自己的資產現況做起！

接下來我會用最簡單的方式，讓大家快速了解三大財務報表與個人理財之間的關係；如果可以學會用企業思維來管理個人財務，未來當自己的收入變得多元或事業版圖提升，甚至可以無痛升級看懂企業財務，做出經營決策，也能對財報選股知識有一定的基本概念，更能打穩大家未來打造被動收入的基礎。

財務三大報表分別是：

1. 損益表：專門記錄「收入－支出＝餘額」的表格。

第一步 認識金錢
做好財務規劃，管理你的收入來源

第二步 用時間賺錢
打造你的黃金履歷，提高主動收入

第三步 用錢賺錢
堅守投資策略，做好資產配置

2. 資產負債表：記錄自己的資產，包含動產與不動產、股票，債務像學貸、車貸、房貸等。

3. 現金流量表：你的戶頭有多少錢？這個月會進來多少錢？這個月會出去多少錢？

假設小蕾是一名月薪3萬的上班族：

❶ 損益表

她有記帳習慣，每天記錄自己的收入與支出，並且得到薪資減去開銷的餘額。因此，以財務報表的觀點來看，這是在寫下「損益表」。

10月薪資30,000元－開銷35,000元＝透支 5,000元

→本月損益表賠錢（虧損）

11月薪資30,000元－開銷30,000元＝月光0元

→本月損益表不賺不賠（損益兩平）

12月薪資30,000元－開銷20,000元＝餘額10,000元

→本月損益表賺錢（盈餘）

❷ 資產負債表

接著發現，小蕾以前讀研究所時，學貸累積有36萬左右。平常有投資股票的習慣，所以累積的股票市值約13萬元。因此，在小蕾的「資產負債表」上，我們可以寫下：

資產：5萬現金、13萬股票；負債：36萬學貸。

❸現金流量表

最後，許多非相關科系的人感到最困惑的「現金流量表」，其實非常重要。重點只有一個：「小蕾的手頭有多少現金可以支用？」對於企業來說，如果不明白現金流量表，可是會因爲周轉不靈而倒閉。至於小蕾的現金流量表應該爲何呢？我們先假設：

資產：5萬現金→不產生額外正負現金流。

資產：13萬股票→每個月產生1,000元的股利。

負債：36萬學貸→每個月繳交8,000元的本利和。

現金流量：你賺到的錢－你花掉的錢。

現金存量：你戶頭最後有多少錢。

以10、11、12月，共計三個月爲例：

10月現金流量：月薪30,000元 ＋ 股利1000元－開銷35,000元－學貸8,000元＝-12,000元（負現金流）

10月現金存量：現金50,000元－12,000元＝38,000元

11月現金流量：月薪30,000元 ＋ 股利1000元－開銷30,000元－學貸8,000元＝-7,000元（負現金流）

11月現金存量：現金38,000元－7,000元＝31,000元

12月現金流量：月薪30,000元 ＋ 股利1000元－開銷20,000元－學貸8,000元＝＋3,000元（正現金流）

12月現金存量：現金31,000元 ＋ 3,000元＝34,000元

記錄每個月的現金流動正負值，以及追蹤現金存量的餘額，就是現金流量表最主要的任務。在財務規劃的觀念當中，我們儲備緊急備用金的目的，就是為了避免現金存量過低，在突發狀況時無法支應，萬一家裡突然發生狀況，需要現金應急，才不至於只能透過高額信貸或高利貸來度過眼前的困難，

了解企業財報與個人理財之間的關係後，最重要的目標是為了擬定財務管理策略，甚至是幫助自己在選股時做出最好的判斷，因此先從個人理財開始吧！把自己當作一家公司學習財務報表。

開始清點你的財務現況吧！
成為自己人生的企業家

透過簡單三步驟，開始基礎入門建立自己專屬的財務報表。

❶損益表：

Step 1. 將所有的銀行收款戶調閱出來，記錄近三個月的收入情況。

Step 2. 調閱所有的銀行帳戶支出明細，以及信用卡近三個月的支出狀況。

Step 3. 填寫三個月的收入支出即可，不一定要馬上寫入帳目細項，先抓大方向。

❷ 資產負債表：

Step 1. 將所有的銀行存摺、證券交割戶、房產地契、保單，全部找出來。

Step 2. 將所有的信用卡整理出來，記錄尚未還清的負債，例如：車貸、房貸、學貸等。

Step 3. 填上每筆資產與負債，並且注明現金流±金額。

❸ 現金流量表：

現金流量表之所以複雜，是因為必須搭配損益表與資產負債表一起看，才能看出端倪。

《富爸爸，窮爸爸》現金流遊戲當中，設計的現金流量表非常簡單易懂，建議大家可以嘗試著填寫看看。蕾咪在一開始了解到這些觀念時，每隔三個月或半年，就會重新利用財務報表檢視自己的財務狀況。

透過以上三張表建立你個人的財務報表後，我們就不會在不重要的理財問題中鑽牛角尖，例如：記帳好煩，常常忘記？負債好高，壓力好大？月薪好低，覺得難以翻身？學著像成功的企業家一樣思考，開始練習詢問自己以下問題吧！

1. 我應該如何提升資產？降低負債？【資產負債表】

2. 我應該如何提高我的每月利潤？【損益表】

3. 我應該如何拉高我的正現金流？提升我的現金存量？
   【現金流量表】

換句話說，放在個人理財上，應該問自己以下幾個問題：

1. 我應該如何讓自己的資產增加？債務減少？
2. 我應該如何讓自己每個月多賺一點錢？少一點開銷？
3. 我應該如何讓自己手頭的現金變得更多？以支應不時之需或把握投資良機？

人生其實就是一場必須用心經營的養成遊戲，如果懂得把人生當作企業來經營，透過財報觀念與個人理財結合，就能幫助我們找到更適合自己的人生贏家策略。

了解基礎損益表，分析投資與商業利潤

在前面幾個章節，我們學會了基礎的理財觀念與收支管理技巧，到了投資章節，多少需要建立起基本的商業邏輯。商業邏輯並不困難，重點在於追求商業利潤，公式的邏輯和個人理財一模一樣：

個人理財：收入－支出＝儲蓄
企業財務：營收－成本＝利潤

因此，不論你打算開始什麼樣的小生意，開始試著算出你的利潤吧！藉由反覆操練，你會更理解怎麼透過商業模式找到屬於自己的各種獲利來源。

第一步 認識金錢
做好財務規畫，管理你的收入來源

第二步 用時間賺錢
打造你的黃金履歷，提高主動收入

第三步 用錢賺錢
堅守投資策略，做好資產配置

搞懂了前者的公式，接著來反推移項一下：

個人理財：收入－儲蓄＝支出
企業財務：營收－利潤＝成本

在《獲利優先》一書中曾經提到，傳統的會計學公式是將營收先減去了成本，最後留下來的才是利潤，這個思維導致了許多企業在扣除成本後，利潤所剩無幾；就像我們個人理財一樣，假設你總是將花剩的錢才做儲蓄，你將永遠存不到目標金額。

因此，個人理財時，先把儲蓄的錢預留起來；管理企業財務時，先把利潤空間預估出來。如此就能進入資產增值的正循環，也能明顯看見自己收入的成長。

了解個人理財與企業財務之間的關聯後，可以開始試著思考，在投資時看著各家財務報表的我們，能否看出一家公司有足夠的利潤再投資？是否擁有穩定的現金流？是否有足夠的利潤空間？是否擁有足夠的資產應對市場變化？是否懂得管理負債，創造更大收益？還是已經陷入了負債循環？這些內容都與個人理財相去不遠。

什麼樣的財富管理策略，
才能讓我們越來越有錢？

如果將企業財務三大報表應用在自己的理財規劃當中，那麼詳實地寫下實際的財務狀況只是第一步，就像企業經營一樣，財務報表只是健康管理工具，並不是企業經營的本質。那麼，我們應該怎麼透過「個人的財務報表」，來為自己的人生提供更好的管理策略呢？

在《獲利優先》一書中，提到了一個重要的觀念，讓我覺得受益良多。

傳統的會計公式：收入－成本＝利潤。

只要移項一下，獲利優先的會計公式：收入－利潤＝成本。

只是這麼小小的換位思考，就讓一切故事變得不同，幫助各大企業成長並存活，並且提高獲利；所以到底這個公式有什麼差別？為什麼會有這麼神奇的魔力。

在數學上，這兩個公式完全相等，但是在經營策略上卻截然不同。

窮忙人生經營策略

傳統會計公式：收入－成本＝利潤。

意思就是當我們賺了錢，選擇把想投入或已經投入的成本扣除後，剩下的才是自己的利潤。多數時候，我們可能投入過高的成本，抓太少的利潤，導致企業或個人失去成長的動

第一步 認識金錢
做好財務規劃，管理你的收入來源

第二步 用時間賺錢
打造你的黃金履歷，提高主動收入

第三步 用錢賺錢
堅守投資策略，做好資產配置

能，於是我們可能會拚命地拉高營收、提高收入，以為可以因此過更好的生活，卻反而陷入窮忙的迴圈之中，越來越辛苦。

套用在個人，收入就是平常的薪資所得，成本就是生活開支，而利潤就是我們留存下來投資自己、提升競爭力、累積資產達成目標、創造品質生活的金額。假設一個人年收36萬時，就花掉了大部分的收入，覺得錢永遠不夠花，於是拚命提高收入，將年收入提高到100萬時，又花掉了大部分的收入，工作卻變得更忙碌，沒有餘裕讓自己成長或擁有高品質的生活。

在他老的時候，勢必會有一天無法負擔這樣的工作量，卻只能像老鼠跑滾輪那樣拚命奔跑，無法停下來休息。

富足人生經營策略

獲利優先公式：收入－利潤＝成本。

學著像富人或成功的企業家一樣，移項一下經營策略就會截然不同。當收入進來時，我們選擇先將預期的利潤扣除，再將剩餘的資金作為成本的分配與投入；對於企業來說，利潤通常會作為許多用途，包含資產的累積、轉投資新事業體、創造新的收入來源、培養優秀團隊，甚至盈餘分配收進口袋裡好好享用；只要保有足夠利潤，即使營收不高，公司也能穩健發展，甚至比大企業活得更有安全感。

套用在個人財務，那些原本和我們站在同一個高度上的朋

友，曾經有過相似的背景條件，卻可能在幾年後財富相差懸殊，就連我自己也曾聽親妹妹對我說：「我們明明生長在同一個家庭、同樣的背景，妳的收入卻有我的十倍之多，我們到底差在哪裡？」

當我靜下心來仔細思考後，發現往往就是這些看似微小、實則龐大的思維差距，一點一滴拉開了彼此的財富距離。

簡單的理財法背後，其實來自於企業財務管理策略的邏輯。在「第一步：認識金錢」的理財規劃分享總是只講做法，很少提到背後的精神面與原理，慶幸的是許多網友選擇直接依照步驟執行，也確實收到成效，並且回饋給我他們的心得。

事實上，先前分享的理財法就隱含著財富增長策略；像是三信封理財法的投資帳戶與六罐子理財法中的財務自由罐，本質就是企業盈餘再投資的概念，才能讓你的人生有成長的動能，讓主動收入與被動收入都有機會增值；而緊急備用金的概念，與企業經營備足周轉金的概念相同，以備不時之需，避免公司倒閉或向高利貸借錢；至於儲蓄帳戶與夢想基金的規劃，在企業中其實就是累積資產的準備金，讓企業可以走到下一個階段。

未來，相信各位都有可能進入財富翻倍成長階段，因此必須慢慢意會到這不只是個人的理財規劃概念，更重要的是背後涵蓋的企業財務管理經營策略，才能讓我們的收入能夠即使翻了十倍或百倍，也能有效管理個人資產，而不會感到慌

第一步 認識金錢
做好財務規劃，管理你的收入來源

第二步 用時間賺錢
打造你的黃金履歷，提高主動收入

第三步 用錢賺錢
堅守投資策略，做好資產配置

張。在學會管理個人財富的同時，不知不覺也能無痛接軌企業財務管理觀念，練習成為自己人生的企業家。

第一步 認識金錢
做好財務規劃，管理你的收入來源

第二步 用時間賺錢
打造你的黃金履歷，提高主動收入

第三步 用錢賺錢
堅守投資策略，做好資產配置

3-2 一定要搞懂投資報酬率

評估投資標的最重要的指標：投資報酬率

投資報酬率（Return on Investment ，簡稱ROI）是所有投資觀念的基礎，你賺的利潤除上投資的本金，就是投資報酬率，這也是評估各種投資標的最重要的指標：

投資報酬率（ROI）＝利潤／投資成本×100%

例如：蕾咪買了一顆巧克力，成本是10元，賣出12元，利潤是2元。可以計算出利潤2元／成本10元＝20%，所以蕾咪買賣巧克力的投資報酬率是20%。

同理可證：蕾咪買了一棟房子，成本是1,000萬元，賣出1,200萬元，利潤是200萬元。

可以計算出利潤200萬元／成本1,000萬元＝20%，所以蕾咪買賣房子的投資報酬率是20%。

我們常常聽見的銀行利率，其實也是投資報酬率的一種。

舉例來說：假設蕾咪存入了100萬元，銀行的定存利率是1.35%，一年後，銀行會額外付給蕾咪的是：存款100萬 × 利率1.35%＝利息13,500元。

戶頭裡除了原來的100萬，加上利息13,500元，總共是1,013,500元。

因為利息是我們賺來的錢，也是利潤的一種。

可以將100萬視為投資成本，投資在銀行定存裡。透過投資報酬率的公式計算後，得知：13,500元／1,000,000元＝0.0135＝1.35%。

用資金槓桿以小搏大：現金投報率

在投資的過程中，資金不大時，可能會採取一些以小搏大的策略，最常見的方式就是資金槓桿。我們都知道槓桿原理就是利用較小的力量舉起較重的物品，在投資上則是利用較小的資金賺取較大的利潤，以放大投資報酬率。

既然使用了資金槓桿，我們投入的成本當中可能包含自備現金與銀行貸款，因此需要了解的是「現金投報率」，也就是「自備現金的投資報酬率」。

第一步 認識金錢
做好財務規劃，管理你的收入來源

第二步 用時間賺錢
打造你的黃金履歷，提高主動收入

第三步 用錢賺錢
堅守投資策略，做好資產配置

現金投報率＝利潤／自備現金×100%

例如：蕾咪買了一顆巧克力，成本是10元，向爸爸借了8元，賣出12元，利潤是2元。可以計算出利潤2元／成本10元＝20%，所以蕾咪的總投資報酬率是20%。

算式：總投資報酬率＝利潤／投資總成本＝ 利潤／（自備現金＋銀行貸款）＝利潤2元／（自備2元＋爸爸8元)＝20%

但是實際上投入的現金只有2元，所以現金投資報酬率為：

現金投報率＝利潤／自備現金＝利潤2元／自備2元＝100%

同理可證：蕾咪買了一棟房子，成本是1,000萬元，向銀行借了800萬元，賣出1,200萬元，利潤200萬元。可以計算出：利潤200萬元／成本1,000萬元＝20%，所以蕾咪的總投資報酬率是20%。

算式：總投資報酬率＝利潤／投資總成本＝利潤／（自備現金＋銀行貸款）＝利潤200萬元／（自備200萬元＋銀行800萬元）＝20%

但是，我們實際上投入的現金只有200萬元，所以現金投資報酬率爲：

現金投報率＝利潤／自備現金

＝利潤200萬元／自備200萬元＝ 100%

也就是說，在完成這次房屋買賣後，我們的資金會從200萬元變成400萬元。

單利與複利大不同

愛因斯坦說：「世界上威力最大不是原子彈，而是複利，複利是世界上的第八大奇蹟。」股神巴菲特說：「人生就像滾雪球，你只要找到濕的雪和很長的坡道，雪球就會越滾越大。」

懂了以上投資報酬率的基本概念以後，接下來就可以加入「時間」要素，討論單利與複利的差別，並且同時學習平均年報酬率的觀念。

平均年報酬率就是「年化報酬率」，又稱爲「內部報酬率」（英文：Internal Rate of Return，縮寫：IRR），「內部」一詞是指內部報酬率，不包括外部因素，如通貨膨脹、資本成本或各種金融風險，這是最常用與最精確的報酬率評估方式，可以直接計算出投資一年後可以獲得多少報酬。

銀行所提供的儲蓄利率，通常是以年化報酬率為基準。市面上的投資商品，常常動輒號稱10%或20%的報酬時，就要特別注意他們討論的是累積報酬率或年化報酬率。例如：大部分的儲蓄險商品喜歡用「累積報酬率」，聽起來比定存利率高很多，但如果反推年化報酬率，就會發現與銀行定存利率相去不遠；如果是年化報酬率隨隨便便就超過20%的投資商品，那麼就要特別小心，極可能是投資陷阱！

　　我們學會的投資報酬率是以單利為基準，但是投資真正的威力來自於複利效應，因此學習複利的觀念非常重要。在此解釋單利與複利的差別：

> 單利（Simple Interest）：**本金固定不變，不將利息滾入本金。**
> 總資產＝投資本金×（1＋年化報酬率×年）
> 複利（Compound Interest）：**本金產生利息後，將利息滾入本金，利滾利、錢滾錢。**
> 總資產＝投資本金×（1＋年化報酬率）^{年}

　　舉例來說：假設年化報酬率是5%，各投資10萬元，放在不同的戶頭，投資三年。

　　單利：本金固定，利息不滾回本金。

　　總資產＝投資本金×（1＋年化報酬率×年）

　　＝100,000元 ×（1＋ 5% × 6年）

　　＝100,000元 ×（1＋ 0.3）＝ 130,000元

第一步 認識金錢
做好財務規劃，管理你的收入來源

第二步 用時間賺錢
打造你的黃金履歷，提高主動收入

第三步 用錢賺錢
堅守投資策略，做好資產配置

複利：本金產生利息後，將利息滾入本金，利滾利、錢滾錢。

總資產＝投資本金×（1＋年化報酬率）^{年}

＝ 100,000元×（1＋5%）×（1＋5%）×（1＋5%）×（1＋5%）×（1＋5%）×（1＋5%）

＝ 100,000元×1.05×1.05×1.05×1.05×1.05×1.05

＝ 134,010元

同樣投入10萬元，同樣的投資報酬率，光是單利與複利的不同，就讓總資產相差了4,010元左右。如果我們初始投入的資金更多，或是時間拉得更長，那麼總資產的差距就會變得更大，可能多達4萬元或40萬元！

在複利效應中，時間的差距非常重要，這也是為什麼越早開始學習投資理財越好，因為時間越長，資產成長的差距就越大。複利效應也可以應用在生活當中，每天進步1%，一年就會成長37倍，因此每天進步一點點，一年後就能看到巨幅改變。

投資72法則

在投資領域中，如果想算出資產翻倍的速度，可以透過72法則來快速推算，經過複利以後所需要的年化報酬率或投資年數。

第一步 認識金錢
做好財務規劃，管理你的收入來源

第二步 用時間賺錢
打造你的黃金履歷，提高主動收入

第三步 用錢賺錢
堅守投資策略，做好資產配置

資產翻倍的年化報酬率＝72÷投資年數
資產翻倍的投資年數＝72÷年化報酬率（％）

舉例說明：

Q1：蕾咪有本金100萬元，想讓100萬變成200萬元，預計投資10年，請問年化報酬率多少？

Q2：蕾咪有本金100萬元，想讓100萬變成200萬元，年化報酬率5％，請問需要投資多少年？

A1：

資產翻倍的年化報酬率＝72÷投資年數。

資產翻倍的年化報酬率＝72÷投資10年＝年化報酬率7.2％。

所以，蕾咪的本金100萬元，投資10年，年化報酬率為7.2％，就會翻倍變成200萬元。

A2：

資產翻倍的投資年數 ＝72÷年化報酬率（％）。

資產翻倍的投資年數 ＝72÷年化報酬率5％＝投資年數14.4年。

所以，蕾咪的本金100萬元，年化報酬率5％時，投資14.4年，就會翻倍變成200萬元。

股票與投報率的關係

有了投資報酬率的觀念以後,再延伸到股票投資上,就可以了解怎麼推算股票的投資報酬率,以及什麼是我們常聽見的股票殖利率。

股票投資報酬率

通常是以股票買賣的價差為主,也就是所謂的「資本利得」。

舉例:蕾咪買了一張股票花了2萬元,過了一週後,股票漲價到3萬元,賣掉後,請問蕾咪的股票投資報酬率多少?

答案:利潤=收入-成本=3萬元-2萬元=1萬元。

投資報酬率=利潤/成本= 1萬元/2萬元= 50%,所以買賣股票的投資報酬率是50%。

如果是以低買高賣賺價差為主的投資策略,熟悉停利、停損點的機制就很重要,之後會有更深入的討論。

股票現金殖利率

通常以股票當中的現金股利為主,也就是我們關注的股票現金流收益。

什麼是殖利率?可以想像成是銀行給你的儲蓄利率。你把錢存到銀行裡面,存了3萬元,銀行每年給你300元的利息,我們可以得知利率為1%。

同理，你把錢放在股市裡，買了一張3萬元的股票，它每年配息給你300元，這就是股息，用股息除以股價就等於殖利率1%，殖利率也就是股票配息的利率。

舉例：蕾咪發現銀行儲蓄利率很低，希望透過股票打造被動收入，所以開始研究定存股，她發現某支股票的現金殖利率是5%，花了3萬元買了這張股票，請問她每年可以拿到多少股利？

答案：現金股利＝股價 × 現金殖利率＝30,000元 × 5%＝每年股息1,500元。

看到這裡可能覺得透過股利退休很困難，但實際上你的購買成本有可能會因為時間而不同，比如說，台X電股票的殖利率一直是5%，但體質良好的公司，股價會隨時間而向上成長。

舉例：蕾咪在2010年買進了10張台X電，當時股價一張8萬元，總共花了80萬元，股票殖利率5%，每年配息4萬元。經過十年，一直沒有再買進新的股票，十年後股價上漲到一張60萬元，股票總資產價值是600萬元，殖利率不變，每年配息變成了30萬元。

如果眼光正確，透過投資股票累積資產，就有機會擁有被動收入，達到財務自由。

第一步 認識金錢
做好財務規劃，管理你的收入來源

第二步 用時間賺錢
打造你的黃金履歷，提高主動收入

第三步 用錢賺錢
堅守投資策略，做好資產配置

3-3
股票投資新手班

投資股票前，我想給新手三個小小的投資建議：

1.了解自己的投資風險屬性：

一般投資人的風險屬性分為三種類型，積極型、穩健型與保守型。了解自己的投資屬性，再去思考股票怎麼買，勝率會大大提升，也更能知道自己適合如何買股票。

通常，穩健型或保守型的人適合存股，可以將大部分的投資放在存股或ETF當中，然而，積極型的人可能會覺得這樣的投資過於緩慢，適合做高風險、高報酬的短期投資，並用其他穩健的標的來做資產配置。

2.設定好自己的財務目標：

沒有財務目標的投資人，就跟沒有目的地的車子一樣，不知道會開到哪裡去，也不知道方向對不對，所以沒有依據可以做決策判斷。

所有的財務目標都是基於人生目標：你想要過什麼樣的生活？你希望能夠透過投資賺多少財富？明確的財務目標，可以幫助你預測合理的報酬與獲利了結的時間點，更可以幫助你找到適合自己的投資策略。

3.常備緊急備用金，並用閒錢來投資：

多數人在錯誤的時間點賣出股票，通常是因爲急需用錢；事實上，如果使用閒錢來投資，並且常備緊急備用金，就不會因爲股市的漲跌變得患得患失，因此做出錯誤判斷。

投資賺錢的兩種獲利模式：
資本利得與現金流

投資的目標很單純，就是爲了賺錢！

而投資賺錢的方式有兩種，一種是賺取「資本利得」，另一種是賺取「現金流」。

資本利得指的就是買賣價差，目標通常是追求低買高賣，所以買賣時機點很重要，也需要經常設定停利、停損點，做好每次的股票波段操作；隨著投資風險提高，也可能需要增加自己盯盤的頻率。

現金流指的是透過長期的累積資產，讓自己透過資產賺取收入；概念與買賣價差有所區別，所以追求的是盡可能長期持有具備價值的資產，包含房地產或股票等，透過租金或股利的累積來賺取收入。追求的是低價買進並長期累積，所以不需要常常盯盤。

你比較喜歡哪一種呢？

第一步 認識金錢
做好財務規劃，管理你的收入來源

第二步 用時間賺錢
打造你的黃金履歷，提高主動收入

第三步 用錢賺錢
堅守投資策略，做好資產配置

股票四大分析策略

現在市面上有太多投資策略，每個策略都不太一樣，大家常搞不清差別在哪，比如說投資ETF、定存股、成長股，甚至成長股裡面延伸出好幾個派別。以下整理出最常見的投資分析方式：基本面、技術面、籌碼面與消息面，可以看看並評估自己最適合哪種方式。世界上沒有完美的投資策略，只有符合你性格的方式，才最適合你。

> **·基本面**

代表人物：巴菲特。投資基本面必須去分析一家公司的財報，代表的意義就像是我們會去研究一個人。

假設股票代表一家公司，而公司就像是一個人，所以我們會去了解他的人格特質、品行、賺錢能力、做人信用、債務狀況，了解整體狀況後再決定要不要投資他。而評估公司基本面的項目有：經營團隊、公司體質、公司本業、業外收入、發展前景。

基本面的本質就是如此，只是這些訊息我們是透過財報來得知：可以從應收帳款知道，原來他借錢出去給很多人還沒收回來；從應付帳款知道，原來他在外面經常欠錢、賒帳；甚至可以透過公司負債比，判斷財務槓桿高不高，如果業外收入超過50%以上，就很可能是個不務正業的人。透過基本面的財報分析，可以徹底了解這間公司值不值得投資。

很多人會覺得基本面很難入門，因為得做大量的資料研究

與財務分析，事實上這反而是最直覺的投資方式，就像我們認識一個人一樣，可能會去調查他的家庭背景與交友圈，去了解每家公司的經營團隊也是同樣的道理。

·技術面

許多人喜歡透過程式交易來做技術分析，原因是技術分析需要觀測月均線、KD線等。相較於基本面去看這家公司的體質好不好，技術面更注重的是在短期內，幾天、幾月以內的線型變化，因此我個人認為技術面分析比較適合短線操作。

了解財報的人就知道，一家公司股價下跌，原因可能是獲利下跌，但獲利下跌有兩種極端的可能：增加投資本金（公司可能前景看好），或是業績正在衰退（公司正在衰退）。

若只單純分析股價變化，沒辦法告訴你太多公司經營的訊息，因此多數投資人僅將它列為一個參考指標。加上技術面不需要去了解很多深入的知識，所以也是許多新手喜歡從技術面開始的原因，認為只要分析股價漲跌幅，就可以抓出股價的落點。

但根據我的觀察，身邊完全只操作技術面的人，大部分是賠錢的，因為有些股票作手可能知道技術面分析、怎麼去看這些線型，所以就把想要的線型做給投資人看，不關心財報基本面的人就會不小心被坑殺了。

·籌碼面

其實籌碼面不用想得太複雜，可以想成我們站在巨人的肩膀上投資，像是許多外資法人與自營商，其實有更多的情

第一步 認識金錢
做好財務規劃，管理你的收入來源

第二步 用時間賺錢
打造你的黃金履歷，提高主動收入

第三步 用錢賺錢
堅守投資策略、做好資產配置

報來源，更知道如何透過他們的資訊去做大筆資金的投資操作。加上他們是主力進出，某種程度上會影響股價漲跌，所以透過籌碼面的觀察，我們可以得知適合進出場的時機點。

如果你發現股價正在大漲，可是主力跟大戶們都開始離開市場，那有可能已經到了市場高點，也是你該逃的時候了；相反的，如果你看到股價雖然低，可是大股東們積極增加持股，就可以去找出實際原因，這支股票未來可能有機會大幅成長。

・消息面

我曾問過一位靠投資達到財務自由的朋友：「要怎麼投資股票才會賺錢？」他說：「這太難了，不過我可以告訴你，怎麼投資股票一定會賠錢，那就是 —— 看新聞買股票。」

如果投資時只是看新聞說哪張股票漲了就跟著買，哪張股票跌了就跟著賣，就會落入賠錢的迴圈中。原因是我們所說的消息面，並不是指股價上漲或下跌的新聞，而是世界經濟**趨勢**與產業消息。

像是科技發展的**趨勢**、各國的經濟概況、某家公司的未來經營布局、經營團隊的轉移、競爭對手的併購、市場的需求，都是可以作為預估股價漲跌的參考指標。

總結以上，在股票世界裡有個經典例子，如果一家公司是主人，股價就是那隻狗。如果你研究的是基本面，你就是在研究主人的路線，那麼在遛狗的時候，狗是永遠不會跑太遠

的；技術面分析只看股價起伏，股價就是狗的性格，也就是只單純分析狗；而籌碼面就是這個主人手上有一條繩子，可以控制繩子的力道，進而影響股價的起伏；那麼消息面就是來自於周邊環境，對主人與狗產生的影響。

你可以透過基本面分析確定公司人品，透過財報篩選，再用籌碼面與技術面找出進出場時機點；假設你喜歡買了股票放著不管，建議可以多研究公司基本面的財報分析；若你是喜歡快速進出短線操作的人，則要特別留意消息面與技術面的資訊。

買進就下跌怎麼辦？
先別慌，弄清楚你的投資策略

曾經有讀者寄信問過蕾咪，他買進股票後就一直下跌，不知道該怎麼辦才好？

針對被套牢這件事，端看你如何看待。對我來說，投資前要做好一些心理建設：

設好停利 停損點	別把短期 投資當長 期投資	賠錢的 心理準備

首先，想清楚你的投資策略非常重要，市面上各種書籍、

新聞媒體、投資策略百百種，如果你每個都只是一知半解，很可能沒辦法為你帶來長期的投資收入。

以股票投資為例，這裡舉出一些常見的投資策略，你可以評估自己最適合哪一種。

1.長期存股型

特色：選擇不隨趨勢而消失的產業，通常是民生必需品或金融類股，這種上市公司已經過了事業成長期，進入穩定期，因此較難賺取低買高賣的波段價差。

優點：不必太頻繁關心股市漲跌。

缺點：非常無聊，股價變化不大，需要長時間等待。

獲利模式：長期固定的股利收入。

操作方式：

・選擇民生必需品類股、金融類股或穩健的產業龍頭股。

・可長期持有十到二十年，領取穩定的股息收入。

・股價大跌反而可以加碼買進。

2.資本利得型：買低賣高

特色：主要以賺取波段價差為賺錢方式，到了停利、停損點就要賣出或買進，如果預期內下跌可以考慮加碼買進，與預期漲跌不同就應該快速認賠殺出。

優點：如果操作得好，資產有機會可以快速翻倍成長。

缺點：如果沒有嚴守停損、停利點，情緒可能會受股價漲

跌影響。

獲利模式：以股票買賣價差爲主。

操作方式：

· 選擇價值被低估的股票。

· 抓緊股價上漲的價格賣出，以賺取價差。

· 如果預測錯誤，股價下跌要適時停損認賠。

3.極短期投機：追高殺低

特色：賺取時機財，適合反應快、做當沖，能接受高頻率交易者。

優點：致富速度較快，可能每秒幾十萬上下。

缺點：賠錢也非常快，非常依賴人格特質。

獲利模式：以價差爲主，但是極短期，通常在一天內。

操作方式：

· 可能透過程式交易或是當天買賣當沖。

· 重視消息面的變化，例如：企業併購。

· 不會長期持有標的，以賺取價差爲主。

淺談較爲投機的「追高殺低」模式，這是個極短期與高難度的投資策略。因爲議題或消息面的關係，某支股票短期內漲停板，如果這時候追高買進，可能可以賺取不錯的利潤。然而一旦消息面轉換，大家就會開始瘋狂賣出，也就是所謂的殺低。懂得操作的人，就會在這時大量放空股票，賺取另

第一步 認識金錢
做好財務規劃，管理你的收入來源

第二步 用時間賺錢
打造你的黃金履歷，提高主動收入

第三步 用錢賺錢
堅守投資策略，做好資產配置

一波利潤。

但一般來說股票投資非常不建議追高殺低，對一個價值投資人而言，他反而會去思考能不能再買進，因此追高殺低這件事不適合長期操作，而是較短期的投機方式。

不要跟你的投資標的培養感情，因為永遠都會有股票上漲、也會有股票下跌，如果能理性看待並堅守自己的投資策略，你會發現長久下來投報率可能會是別人的三到五倍。

大部分的人都想靠運氣來投資，可是，如果世界上已經有一群人非常聰明也非常努力，花了大把時間做分析，再加上一點點運氣，跟一個完全只依靠運氣來投資的人，誰的勝率會比較高呢？

最怕的是你搞不清楚自己用的是哪一種投資策略，永遠不知道什麼時候該認賠殺出、獲利出場，只覺得股票投資好難、好恐怖，進去就是套牢。其實你只要決定好投資股票的策略，決定要存股，就長期持有；想賺取波段，沒有預期的價差就馬上出場。你也能堅守原則，無懼套牢，平心靜氣看待股市漲跌。

新手必知股票基本交易觀念

如果是剛開始買股票的新手，看到一堆專有名詞和術語，勢必讓人眼花撩亂。到底買股票是買1股還是1張呢？常聽到撮合和交割是什麼？買股票要付手續費嗎？

接下來的基礎買股教學，就幫大家快速上手投資第一課！

1. 股票與股價：

‧一張股票是1,000股，而股票的交易單位是「張」。如果你今天買的A公司股價是100元，購買A公司「一張股票」，即是100元 × 1,000股 =10萬元。

‧不滿「一張」的股票，從1股到999股都叫做「零股」。如果你沒有那麼高的投資預算，先從小額開始，那麼零股交易會是很好的選擇。

2. 股票買賣時間：

一般股票買賣是星期一至星期五，從早上09:00到下午01:30為止，盤中零股亦同；盤後零股買賣則是從下午01:40到下午02:30為止，等到一般股票交易完畢後，才是盤後零股交易的時間。

3. 什麼是撮合？

我每次都會戲稱股市就像菜市場，攤販提出賣價，買家提出買價，如果買賣雙方價格剛好配對成功，就能順利成交！成交的價格就叫做「成交價」；買方與賣方配對的過程，買賣股票流程叫做「撮合」。至於股價為何會波動？就像我們平常去菜市場買水果一樣，隨著產季的不同，水果產量不同，價格是隨著市場浮動的，股票成交價也會上下起伏。

第一步 認識金錢
做好財務規劃，管理你的收入來源

第二步 用時間賺錢
打造你的黃金履歷，提高主動收入

第三步 用錢賺錢
堅守投資策略，做好資產配置

一般股票是每五秒撮合一次，也就是買賣雙方在交易軟體中輸入價格後，電腦每五秒會自動配對一次。零股交易的配對則沒有那麼頻繁，流動率較低，建議以100股為單位較易累積成一張股票，也可以減少不必要的零頭。

4. 股票交割與違約交割

撮合成功後，就等於順利買到股票了嗎？還差最後一小步喔！那就是等買方付出款項、賣方也交出股票，才算完成交易；買賣方完成交易的程序叫做「交割」，也就是一手交錢、一手交貨（股票）。買賣股票都需要另開證券戶，當你下單買股並成功撮合之後，要確保你的帳戶裡有足夠的錢讓證券商扣款。

只要在成交當天起算的第二個營業日早上10:00前，在戶頭準備好足夠的錢就可以了。特別注意：如果買方讓銀行扣不到金額，就會變成「違約交割」，違約交割可能會影響信用，嚴重的話甚至會有刑責！

5. 股票交易手續費

買股票：證券商會收取「股票金額 × 0.1425%」。

賣股票：證券商會收取「股票金額 × 0.1425%」＋ 額外收取0.3%的「交易稅」給政府。

特別注意：零股交易金額較小，證券商怕收到的手續費太零碎，所以多數券商會設定單次手續費最少20元的門檻；因

此，想要從零股買賣開始學習的新手，選擇有手續費優惠的券商很重要。

股票的一生

了解股票的基本交易觀念後，我們來聊聊股票的一生。就像人類的生命一樣，從出生到中年到死亡，股票代表的是公司的所有權，因此，股票的一生也代表這家公司的狀態；總共會分為以下五種階段：未上市股票、興櫃股票、上櫃股票、上市股票、全額交割股。我們經常討論的股票投資，通常以上市股票為主。

1. 股票的嬰兒期：未上市股票

未上市股票指所有還沒上市或上櫃的股票，又可以分成已公開發行、未公開發行兩種；未公開發行股票往往是資本額小的公司，常私下交易，買到假股票或價錢太高的股票也時有所聞，要注意的是，公司未經主管機關核准，販賣未上市股票就是違法，買賣行為也不會受到臺灣法律的保障。

第一步 認識金錢
做好財務規劃，管理你的收入來源

第二步 用時間賺錢
打造你的黃金履歷，提高主動收入

第三步 用錢賺錢
堅守投資策略，做好資產配置

2. 股票的兒童期：興櫃股票

　　未上櫃上市的股票，會在興櫃市場交易平臺進行交易，任
何股票在上櫃上市前，都要先登錄為興櫃股票，櫃牌交易至
少六個月以上，滿期後要看資格是否符合條件，才能上市上
櫃。興櫃股票沒有限制公司規模、資金大小、設立年限、獲
利能力，只要有兩家以上的券商輔導推薦，就能到興櫃市場
交易，門檻說低不低，說高也不高。

　　大多數興櫃股票很可能最終難以上市上櫃，也不是每個興
櫃轉上市上櫃就必然上漲，但是一旦順利上市上櫃後，因為

流通性變好，價格大都水漲船高。

3. 股票的青年期：上櫃股票

上櫃股票的資格有三點：成立兩個會計年度、實收資本額超過5,000萬元、發行500萬以上的普通股。

上櫃股票在公司的設立年限、實收資本額、獲利門檻都比上市股票低，這類型通常以新興產業、中小型企業為主，雖然成長空間較大，不過風險也比上市股票高。有時候會發現上櫃公司的股價居然比上市公司還高，那是因為他們本身就有很大的獲利潛力，比如說上市前的寶雅與瓦城。

※上櫃股票投資小提醒：
上櫃股票流通性比興櫃好很多，但比起上市公司仍然差了一些。雖然上市和上櫃企業家數沒有差很多，但是如果依照整個臺股每天的總成交量來看，上櫃的總成交金額平均不到上市公司總成交金額的1%到2%，因此投資上櫃股票公司，就要特別注意流通性的問題。

4. 股票的壯年期：上市股票

我們平常討論的股票投資都是以上市股票為主，上市股票的掛牌標準最嚴格，上市條件要有實收資本額達6億、發行3,000萬以上普通股、公司成立三年以上、記名股東達到1,000名以上。由此可見這類型公司的資本額、成立年限、獲利能

第一步 認識金錢
做好財務規劃，管理你的收入來源

第二步 用時間賺錢
打造你的黃金履歷，提高主動收入

第三步 用錢賺錢
堅守投資策略，做好資產配置

力都比興櫃股票與上櫃股票高，因此投資風險較低，像台積電、鴻海等知名企業。

對一家公司來說，股票上市能募集到更多資金以促進企業發展，為股權創造流通性，但上市後公司的財務訊息都必須公開揭露，也必須向交易所與各監管部門提交報告。

※上市股票投資小提醒：
如果你是一般投資人，建議投資上市股票，因為流動性最佳。不過臺灣上市上櫃的標準沒有很嚴苛，如果觀察過美國股市的上市公司，就會發現臺股中許多公司規模較小，選擇也少。

5. 股票的老年期：全額交割股票

全額交割股票也稱為限制信用交易股票，是一種「變更交易方法的股票」，顧名思義就是這檔股票被限制信用交易了。如果上市上櫃公司發生經營問題、舞弊、財務危機等，導致有退票情況，這間公司就可能會被列為全額交割股。

依金管會的法規規定，這類變更交易有兩個層級：

1.當股票淨值低於10元，就會被取消信用交易資格，不能進行融資融券。

2.當股票淨值低於5元，就會被列為全額交割股，必須在買賣當下付款。

※全額交割股票投資小提醒：
通常全額交割股的股價會嚴重下跌，大部分都是長期虧損、基本面差、財務狀況出問題的公司，地雷股可能性較高，要獲利機率相對低，投資風險也較大，真的要等到它們大漲需要長期研究，對該股票有深度了解的投資人才有可能從中獲利；最慘的是，這家公司可能就直接倒閉下市了。

股市大樂透！股票抽籤試試你的手氣

股票抽籤的正式名稱為「股票申購」，也就是股民所謂的「股市大樂透」，顧名思義是可以申請購買公司發行的新股票。發行新股一般分成兩種：1.新上市櫃公司發行新股；2.已上市櫃公司辦理現金增資。

當一家企業決定要以發行股票來籌資時，會以比市價低的價格賣給投資人，吸引大家的資金，這個價格稱為「承銷價」。舉例：以上銀科技（2049）為例，申購時的承銷價為195元，而當時的市價為386元，價差多達191元！這表示若抽中股票，一張成本價為195,000元，至撥券日時若市價還是386元，就能以386,000元賣出，中間賺取191,000元的價差！股票申購的好處：

1. 幾乎一定有價差可以賺

統計2008年到2019年所有的股票申購數據，有80%的機率

獲得正報酬，基本上中籤率都落在1%上下，以相近利潤的大樂透三獎為例，中獎率只有0.001%，股票申購中籤率是樂透的一千倍，但跟樂透一樣得靠運氣，所以比起投資更像是隨機套利。

2. 申購門檻低，公平性高

只要有臺股證券帳戶即可參與股票抽籤，證交所採用申請人身分證字號作為抽籤資格，意思是就算開了十間不同券商的帳號試圖提高中籤率，每個人都只有一個身分證號碼，也只能申購一次，重複申購將會被取消抽籤資格。

3. 成本低

每次股票抽籤的股票承銷價外，只需要額外的申購手續費20元與中籤的郵寄工本費50元，如果幸運抽到股票，就會有機會賺到很棒的價差。

申購方法很簡單，只要你有一個證券帳戶，大部分臺股券商都有內建股票抽籤的功能，再來存入申購股票所需資金，讓帳戶餘額高於「股票申購所需金額」就能符合參加資格。

股票申購所需金額通常是：（承銷價×1,000股）＋ 申購手續費20元 ＋ 中籤郵寄費50元。

舉例：蕾咪申購上銀科技（2049），承銷價195元，一張1,000股為195,000元，加上手續費20元與中籤郵資50元為195,070元，帳戶餘額只要大於195,070元，即可參加股票申購。

臺股股票申購是採用「先繳費，後抽籤」的方式，只要在抽籤日前一個營業日，將「股票申購所需金額」存入帳戶即可；若沒中籤，帳戶扣除申購手續費20元後就會全數歸還本金；若有中籤，撥券日通常是抽籤日的後四天，收到股票後，當天就能把股票賣出。

※試試看：
打開手機證券戶App找到「股票申購專區」，找出正在發行新股的股票。
舉例：2636台驊國際投資控股
・承銷價：30元
・市價：41.05元
・開始日：申購開始的日期
・截止日：申購截止的日期
・預扣款日：截止日的隔天，金額不足即取消資格
・中籤率：等抽籤完才會顯示一個百分比的數字

提高你的股票申購賺錢機率

❶不是每檔股票都適合申購

申購前建議上網自行做功課，了解一下這家公司的產業、商譽、相關營收等基本面資訊，再決定是否參加抽籤。從申購成功到實際中籤撥券，通常相隔一段期間約三到五天，而這段期間股價每天都會變化，所以不要像我之前一樣抽了之後就放著不管，這麼做的風險非常大，因為在撥券日一段時間後，通常會低於當天價格，除非你非常確定這家公司可以

長期持有，不然還是建議在撥券日當天就賣掉。以2020年的統計資料來看，申購中籤後若在撥券日當天馬上賣掉，平均都能享有近91%的勝率！

另外，如果股票申購的市場價與承銷價的價差太小，低於10%以下，平時成交量過小的也可跳過，免得抽中股票想賣卻賣不掉；找出溢價越高的股票也相對越安全。

※試試看：這檔股票適合申購嗎？
股票申購專區： 2636台驊國際投資控股
・承銷價：30元（本金）
・市價：41.05元
・溢價差：41.05－30＝11.5元（利潤）
・投報率：11.5／30＝38.33％＞10％
→ 可以考慮申購！

---

❷小心「TDR」與「KY」股

一般臺股是4個數字代號，如台積電：2330，如果在數字後多了「KY」這兩個英文字，就是所謂的「臺灣存託憑證TDR」（Taiwan Depositary Receipt），又稱「第二上市」，代表該企業已經在國外上市，它的財務透明度比一般臺股低，如果你沒有很了解這家公司就不建議申購。

❸在帳戶留一些現金

在臺股市場中，基本上若你有20到50萬元新臺幣就足夠參與約八到九成的申購，因此平常存有一定的現金，除了能保

有流通性，在標的出現優質價格時能立即投資外，還可以參加新股抽籤碰碰運氣，替自己加薪。我自己喜歡將緊急備用金的帳戶用做股票抽籤，不會拿來作為其他用途，在第一年開始投資參與股票抽籤，就賺了超過十幾萬元！

❹ 提高中籤率

因為每個人只能用一個身分證號碼申購同一檔股票一次，如果超過一次，就會自動變成不合格件，所以不妨召集親朋好友一起抽，增加整體中籤率。

提供一個私房小技巧，我曾寫過抽籤程式，雖然抽籤是隨機的，但演算法的機制會從前面數字開始隨機取樣，越早開始申購股票的人，相對後面才加入的人，會有較高的機率中籤，雖然不是一定，但試試也不壞。

❺ 申購後悔怎麼辦？

申購截止日當天14:00之後是無法取消的，萬一某些因素導致股價在撥券日前就跌破承銷價，可以把銀行交割帳戶的款項全部領走，或低於預扣款金額讓它扣款失敗，等同自動放棄申購；如果害怕風險，也可以選擇截止日14:00前申購，看到當天收盤價再決定是否參與抽籤，降低股價波動的風險。

總結以上，雖然股票申購中籤率不高，不過一旦抽中，很容易獲利。就算沒抽中，也只要付20元手續費，比買一張樂透還便宜，中籤率也遠高於樂透，因此非常推薦有足夠資金的人嘗試喔！

股市如何看盤？

打開你的股票證券戶，可以找到「市場行情」這類選項，這時會看到股市的畫面，上面會有些專有名詞與數字，讓我們來一一解析：

· **商品**：公司名稱、股票代號

· **成交**：現在的成交價。

· **撮合**：議價的過程。股票價格每秒都在變化，你可以想像股市就等於菜市場，有一群攤販在叫賣水果；而那些水果就是各大公司的股票，攤販則是賣股票的一般民眾，公司是種出水果的農夫，像是台積電、台達電、鴻海等。菜市場裡，水果的價格會隨著品種、產季與稀有度而改變價格，許多攤販叫賣自己的水果，同時也有許多買家，也就是俗稱散戶或法人，等著買進水果。

雙方各自丟出許多水果價格，達成共識即成交，稱之為「撮合」，而成交的價格就是成交價。股市屬於二級市場，不是由農夫自己來賣，比較像是批發商持有股票到股市去賣，或是一般民眾拿出自己的股票來賣。

一級市場是直接跟農夫買，錢是直接給該股票企業的經營者，通常只有發行新股或增資時，也就是之前提到的股票申購時可購買，或是該公司的主要股東或關係人才有管道直接

購買；二級市場是跟攤販買，所以錢是給其他股票賣家。如果以房地產來說，一級市場就是跟建商買，二級市場就是跟其他屋主買。

・**買進／賣出**：綠色跌，紅色漲，黃色代表不漲不跌的平盤。

・**漲跌**：現在成交價與昨天收盤價的漲跌差距價格，例如：台達電昨天收盤價175元，現在成交價173.5元，總共跌1.5元。漲跌就會呈現綠色的1.5元，而漲跌幅度就是：

漲跌幅（%）＝漲跌1.5／昨日收盤價175＝跌幅0.85%

・**單量／總量**：投資時會參考的指標，代表這支股票的熱門度，通常物以稀為貴，熱門度越高的股票價格就越高，但有時候單量很大不一定是在漲價，有可能是大家急著脫手賣掉，也會造成單量暴增。

・**買量／賣量**：顧名思義，就是買的數量與賣的數量，透過買量與賣量，我們可以知道目前這支股票是供不應求或供過於求，如果買量比賣量多，就有可能造成價格上漲，賣量比買量多，就可能造成價格下跌。

・**最高價／最低價**：早上開市以來到下午收盤之間的價格，成交價當中，價格最高與最低者。

・**振幅**：就是最高價－最低價，幫助人判斷當日價格的起伏程度。

・**昨收**：昨天的收盤價，通常會用昨收價與今日價做比較，來看這支股票的整體趨勢是漲或跌。

第一步 認識金錢
做好財務規劃，管理你的收入來源

第二步 用時間賺錢
打造你的黃金履歷，提高主動收入

第三步 用錢賺錢
堅守投資策略，做好資產配置

· **漲停／跌停**：綠色反白代表跌停，紅色反白代表漲停，臺灣規定漲跌停標準爲10%，避免幅度太大。

· **牛市／熊市**：牛市又稱「多頭」，也就是股票市場處於上升趨勢，在技術線圖上呈現一波比一波高的走勢，這期間買進賺錢的機會高。爲何叫「牛市」？在古代西方人都是拿牛作爲財富的象徵，特別是牛的肉可以吃，牛的骨頭可以做成工具，牛角又是向上的，所以他們喜歡以牛作爲財富增長的意義。

熊市又稱「空頭」，代表股票市場處於下跌趨勢，在技術線圖上呈現一波比一波低的走勢。這期間買進賠錢的機會高，除非擅長做空操作，否則不容易賺錢。爲何叫「熊市」？因爲西方古文明喜歡拿熊跟牛對抗，加上熊掌又是往下的，就像是股市被往下壓的感覺。

· **盤整**：介於熊市跟牛市之間，盤整是股價經過一段急速上漲或下跌後，看不出實際趨勢是往上或往下，這時候適合短線操作者進場，遇到主力支撐，就會開始小幅上下變動。對長期投資者來說，通常不太會在盤整期入場，而是選擇股票相對低點時找尋價格被低估的股票，作爲長期持有的投資標的。

· **做多**：認爲股市會漲，先低買，後高賣。投資人判斷行情爲上漲趨勢，先買入金融商品後持有，等待上漲後賣出，賺取中間的價差。

· **做空**：與「做多」相反，是認爲股票會跌，先高賣，後

低買。投資人預期行情將下跌，便先跟券商借券，以市場高價賣出，待價格下跌之後再買入回補，以賺取中間的價差。通常借券會有利息與天數限制，因此，風險也較高一些。

也有不少人好奇問我，多頭、空頭如何判斷？事實上，在「多頭市場」中也有下跌的股票，「空頭市場」中也有上漲的股票，不管做多或做空，都有可能選錯股票，所以選股是不能忽視的關鍵。散戶投資股票經常虧損的原因，總是想要多空都做，試圖抓到中間的每個轉折，最好波段上漲10%的股票，我可以賺到20%，反映在投資行為上，喜歡跟市場對作，在震盪盤整期反而容易被多空雙巴。

接下來談談股票投資的重頭戲 —— 如何選股。

第一步 認識金錢
做好財務規劃，管理你的收入來源

第二步 用時間賺錢
打造你的黃金履歷，提高主動收入

第三步 用錢賺錢
堅守投資策略，做好資產配置

定存股怎麼買？

股利怎麼領？什麼是配股配息？除權除息？相信大家常在電視新聞媒體上聽到許多老師分享要買定存股、找殖利率高的股票投資。問題來了，大家都跑來問我，什麼是定存股？什麼是殖利率？什麼又是除權息？

定存股

定存股並不是特定一支股票，而是眾多股票中，「股性」屬於民生必需股或金融股等長期穩健類型，所以不會隨時事、趨勢過度漲跌，不管景氣好或不好，民眾還是需要基礎的民生消費，因此非常適合當定存股。

選擇定存股時，因為目標是長期持有，並且領取股息，所以通常會挑選殖利率較高的股票，像我喜歡從殖利率高於5%的股票優先選擇。

殖利率

可以把殖利率想像成銀行給你的利息。你把錢存到銀行裡面，存1萬塊，1%的利息就是100元；而殖利率就是你把錢放在股市裡，每隔一陣子也會給你一筆利息錢，利息÷股價＝殖利率。換句話說，殖利率就像銀行儲蓄利率一樣，差別只在於你把錢放在銀行裡或股市裡。

配股配息

　　想像一下，如果你買了一張股票，等於投資了一間公司，公司到年底時獲利了結，每年都有固定盈餘，就會把錢再放回你的口袋裡，這就是所謂的盈餘分配，通常會以股利的方式給你。

　　股利分兩種，一種是現金股利，一種是股票股利，現金股利就是所謂的配息，股票股利就是所謂的配股，都是公司發給你的獎勵。

除息與現金股利

　　除息的「除」就是分配的意思。想像你的股票就像是放在銀行戶頭，裡面有10萬元，這時候你去提款領了6,000元出來放在口袋裡，這個6,000元就是現金股利，戶頭剩下94,000元就是除息之後的股價。但實際上你的總資產並沒有減少，口袋裡的6,000元與存款裡的94,000元，加起來一樣是10萬元。

　　舉例：假設目前台積電股價100元，一張1,000股，所以一張台積電等於10萬元。今年配息每股6元，所以，一張股票配息6,000元。

　　除權息日後，配了現金股息，股價就會從100元變成94元，這就是配息與除息。不管是「配」或「除」都是分配的意思，也就是你所投資的公司只把錢做了資金上的分配，所以除權息後的股價下跌，並不是因為市場波動造成價格變化。

第一步　認識金錢
做好財務規劃，管理你的收入來源

第二步　用時間賺錢
打造你的黃金履歷，提高主動收入

第三步　用錢賺錢
堅守投資策略，做好資產配置

除權與股票股利

除權的「除」一樣是分配的意思，「權」是股權的意思；假設公司說要配股，這時候5元的股票股利，就會和現金股利是截然不同的意思，計算方式也完全不同。

以下舉例：

配息 vs. 配股：
現金股利：每股配息5元，每張股票可以得到 5元 × 1,000股＝5,000元。
股票股利：每股配股5元，一股本10元，所以是配股5元除上股本10元，等於配股1／2張股票，每張股票1,000股，1／2張股票等於500股。

假設一張股票等於一籃橘子，裡面有1,000顆橘子，一顆橘子100元，一籃橘子賣10萬元。這時候因為盛產，農民就說多送你500顆橘子好了，所以1,500顆橘子一樣是算你10萬元。總價值不變，但是橘子數量變多了。

因此一顆橘子的平均價格會從100元變成：10萬÷1,500顆＝66.7元／顆。這時股價會從100元變成66.7元，這就是除權後股價下跌的原因，與公司體質或市場概況無關。

那麼為什麼在除權日之前，股票會稍微上漲呢？兩個原因：一是「軋空行情」，融券的人會被強制回補，被規定必須買回股票；二是有些人希望得到配股配息，所以會在配股配息日前，先買進一點這家公司的股票。

填權與填息

在除權息後，股價會些微下跌一點，如果之後又順利補漲回來，我們稱之爲「填息」或「填權」，這時原本擁有股票的人，不但賺到了股利，還賺回了價差。

配股配息的公司有比較好嗎？我直接地說，答案是不一定。

如果一家公司常常配息有兩種極端的狀況：

❶公司已經無利可圖：這家公司已經脫離成長期，只有穩定的事業體，如果定期配息的話，大股東們可以拿回最多的現金，所以有些進入衰退期的公司，也非常喜歡配息。

❷公司非常賺錢：因爲賺錢，所以定期將一部分的公司盈餘拿出來分給股東。

如果一家公司常常配股有兩種可能：

❶股本會被稀釋。

❷公司在衝刺成長期，股價未來可能會大幅上漲。

所以沒有哪個比較好，主要看自己的投資方向。在挑選定存股時，通常會先看現金股利與殖利率，如果殖利率因股價上漲而降低時，可能需要適時減碼獲利了結，因爲可能已經不符合當初設定的殖利率標準。另外，假設這家公司一直在配股，那麼股價推升的可能性也會比較大。凡事都有一體兩面，重點還是回歸到評估公司體質是否值得投資。

第一步 認識金錢
做好財務規劃，管理你的收入來源

第二步 用時間賺錢
打造你的黃金履歷，提高主動收入

第三步 用錢賺錢
堅守投資策略，做好資產配置

概念股怎麼買？

概念股不是指特定某一支股票，而是以相同題材，將同類型股票列入選股標的的一種組合；換句話說，就是把某個產品的供應鏈集合在一起。像是「蘋果概念股」跟臺灣電子業關係緊密，如手機鏡頭、電路板、晶片、甚至組裝各種元件，都有相關的臺廠概念股可供選擇。

概念股更深的含義是市場共識，比如說網絡概念，指的就是涉及網際網路產業的股票群，可以透過相似的產業背景，找到適合的投資機會與未來前景；一支股票本身或許沒多大吸引力，但是，一旦被納入某個概念股群中，就很容易受到投資人的密切關注。

以下介紹一些常見的概念股，可以由此做延伸：

❶**蘋果概念股**：蘋果的供應鏈廠商包含以下幾家公司，所以隨著iPhone的熱賣，就可能會間接使這些股票大漲。

· 台積電（2330）：晶圓代工。

· 鴻海（2317）、和碩（4938）、緯創（3231）：組裝手機。

· 大立光（3008）、玉晶光（3406）：鏡頭。

❷**5G概念股**（5th Generation Mobile Networks）：5G是指資料傳輸的方式，代表第五代的行動通訊網路，比以往

3G、4G的傳送速度來得更快、延遲更低；臺灣以科技代工聞名，可以把臺灣5G概念股比喻成蛋黃及蛋白，蛋黃指的是核心不可或缺的功能提供者，蛋白指的是周邊設備。

・蛋黃區：5G通訊傳輸製造過程中不可或缺的晶片與小型基地，例如：砷化鎵大廠穩懋（3105）與微波高頻元件設計製造廠昇達科（3491）。

・蛋白區：PA（功率放大器）、PCB（印刷電路板）、天線、散熱，以及其他通信電子元件為主。例如：金居（8358）、臻鼎—KY（4958）、南電（8046）。

❸AI人工智慧概念股（Artificial Intelligence）：人工智慧就是以「人工」編寫的電腦程式，去模擬出人類的「智慧」行為，其中包含模擬人類感官的「聽音辨讀、視覺辨識」、大腦的「推理決策、理解學習」、動作類的「移動、控制物品」等行為。

人工智慧應用在生活各種層面，從交通、娛樂、醫療等都有關聯。

常見案例有：手機助理語音辨識功能、社群網路上的廣告投放、串流影音網站的推薦（如 YouTube、Spotify、Netflix）、Google Map 最佳路線規劃。

相關概念股有台積電（2330）、緯創（3231）、廣達（2382）、創意（3443）等。

除此之外，像是生技產業的疫苗研發概念股、國家級政策

一帶一路概念股、電動車市場發展的車用電子概念股，這些都是我們常聽見的概念股，可以試著從世界趨勢去找出自己看好的股票，會更容易找到投資方向。

至於概念股選股要注意什麼呢？

❶資金水位：銀彈有限，機會無限，先聚焦在自己有興趣的概念股下手就好。

❷風險評估：即使產業看好，也不代表每家公司都看好，還是要評估公司體質。

❸產業消息：多關注政策與產業消息，通常政策最容易影響到概念股的整體漲跌。

我們可以去哪裡找到概念股相關公司，甚至了解整個產業鏈的關係呢？

推薦大家政府的「產業價值鏈資訊平臺」，可以透過這裡快速了解一個產業鏈的上下游所有相關公司。與其研究單一個股，更推薦大家以研究「主題」的方式，去透徹了解整個產業，了解他們之間的關聯性，更容易幫助你做投資預測。舉例來說：蘋果大漲 → 供應商台積電跟著漲 → 台積電的原料供應商也會跟著漲。

這就是為何專家總說「不懂的東西別投資」，因為唯有你真正了解某個產業，才能了解概念股彼此之間的關聯性，也才有辦法在大漲大跌前，提早買進或賣出。

第一步 認識金錢
做好財務規劃，管理你的收入來源

第二步 用時間賺錢
打造你的黃金履歷，提高主動收入

第三步 用錢賺錢
堅守投資策略，做好資產配置

什麼時候買進？
什麼時候又該認賠殺出？

　　因為疫情影響，全球股市進入盤整波動期，許多人私訊詢問我該如何應對？又該怎麼調整投資策略？股市的大漲大跌導致許多人帳面損失，但同時卻也有人大賺一波。套一句巴菲特名言：「海潮退了，才知道誰在裸泳？」

　　在股市大漲時，多數人都在賺錢，可是只有股市震盪或大跌，才能看出誰才是真正懂得投資的人；因為資產配置的關係，加上嚴守停利停損點，緊急備用金足夠，所以股市震盪，不但沒有被影響到太多，更是我個人覺得適合關注股市布局的好時機。什麼時候買進？什麼時候又該認賠殺出？接下來就來分享停利點與停損點的實際應用。

堅守投資策略原則，
不隨股市起伏輕易調整策略

　　理論上投資人應試著找出自己專屬的投資策略，且不該隨著股市漲跌而輕易改變原則；投資本質上其實是單調又重複的行為，著墨在兩個重點：選股策略與出場策略。

　　聽起來好像很厲害、很複雜？其實投資股票的本質很單純，就是「何時買入」與「何時賣出」這兩件事而已，選股策略探討的是「何時買入」，出場策略探討的是「何時賣出」。

其中，市面上90%的書籍都著墨在選股策略，對於出場策略卻是三言兩語帶過，原因是選股大都牽涉大量功課與複雜分析，但是出場策略很單純，就是「你打算賺多少錢？」或「你打算賠多少錢？」才賣出股票。

不論你是股票投資新手或老手，投資策略中少了買入或賣出任何一部分，都代表你的投資策略不夠完整。在投資界裡我們常說：「買是徒弟，賣是師傅。」所以當你只有選股策略，卻沒有出場策略時，那就代表你還沒有真正學會投資；因為，選股考驗的是分析能力，賣股考驗的卻是心性，而完整投資策略裡，一定會有走到獲利了結的一天。

在此將特別深入探討出場策略，希望面對股市變化時，每個人都能找到屬於自己的完整投資策略。

選股策略 —— 何時買入？

選股策略非常多種，根據資產配置的需要，一般投資人可能會依照自己的風險等級來決定使用的選股交易策略，建議大家找尋自己專屬的派別深入研究學習。我個人屬於穩健保守型的投資人，所以主力會放在存股與價值型成長股研究。

整體的財務規劃就更宏觀了，如果職業穩定，可以考慮選擇較高報酬高風險的選股策略，如果職業變動高，就降低投資方面的風險。另一方面，也要根據年紀配置不同比例的資金在不同類型的標的上。

以我為例，年屆三十歲且職業風險中等，選擇將收入的

10%作為退休資產累積，60%放在價值波段或定存股，而30%放在比較積極或冒險型的投資標的。每個人性格不同，用自己最舒服的方式投資，才能真正長期累積資產。

例如：

退休型
美股ETF
選股策略

保守型
定存股
選股策略

積極型
成長型
選股策略

冒險型
短期波段
選股策略

想趁年輕快速累積資產的人，可以考慮研究成長波段股與價值類股，以賺取資本利得。需特別留意在股市大漲或大跌時，必須嚴格堅守停利停損點的機制。

其中，穩健保守型的人，可聚焦在價值投資與定存股類型的研究。通常透過美股ETF或領取股利為目標的投資人，專注在累積股票資產賺取被動收入，因此在大盤下跌時，可能反而會選擇加碼買進，目標是為了快速構築個人資產規模。

出場策略——何時賣出？

賣出股票，其實最終只有兩種結果，「賺錢」與「賠錢」。當然可以講得更文縐縐，顯得知識比較淵博，說自己是「獲利了結」或者是「停損出場」，我沒有要玩文字遊戲，所以大家就誠實面對自己吧！對於投資，我們就是想賺

第一步 認識金錢
做好財務規劃，管理你的收入來源

第二步 用時間賺錢
打造你的黃金履歷，提高主動收入

第三步 用錢賺錢
堅守投資策略，做好資產配置

錢，不想賠錢，就是想要獲利了結，不想要停損出場。

在股市大跌前，曾有人跑來問我，說他自認對投資非常有研究。但是，當時的股市大盤一直漲，應該繼續投資，還是要賣出股票呢？

當時，我問他兩個問題：「你有設定停利點嗎？」「你的停利點到了嗎？」

他說，他有設定停利點，停利點也到了。

「如果你設定了停利點，卻沒有遵守，那麼你跟完全不會投資的人沒有兩樣。」

許多人在股市大漲時，常常會因爲貪圖漲幅，捨不得獲利了結出場，直到市場行情反轉向下，才開始想盡辦法停損。事實上，如果遵守停利點策略，不但不會錯過漲幅，更可能在市場反轉時躲過一劫。

現在來讓大家理解一下，爲什麼嚴守停利停損很重要，完整的出場策略會是怎麼進行的？

・迷思一：獲利了結等於停止投資？停利出場就不能持續進場？

對多數投資人而言，通常持有的個股都不只一檔，所以並不會每一檔股票都有相同的停利點，也不會每檔股票都同時達到停利標準，然後全部獲利了結。即使眞的全部獲利了結了，你也可以重複使用自己的選股策略來篩選，判斷是否有適合的股票可以重複進場、長期持有或直接轉移標的；換句

第一步 認識金錢
做好財務規劃，管理你的收入來源

第二步 用時間賺錢
打造你的黃金履歷，提高主動收入

第三步 用錢賺錢
堅守投資策略，做好資產配置

話說，停利點不代表只有「賣出」一個選項，而是可以選擇要加碼買進、繼續持有、減碼賣出。

如果是以賺取波段爲目標的投資，其實就是不停重複以下過程：選股→出場→選股→出場→選股→出場→……

假設每次進出場的停利點設定在20%，假設你擁有100萬的投資本金，經過三輪進出場並嚴守停利，這筆資金就會從100萬變成100萬 × 1.2倍 × 1.2倍 × 1.2倍，經過複利三次之後，總共是172.8萬元！這時候投資的股票標的不是重點，重點在於每一次都能夠確實在20%停利點時出場，並用賺來的資金重複投資。

在你重複「選股→出場」這個行爲時，可以幫助你歸零，重新用同樣的選股標準判斷這支股票是否適合持續持有，或是應該就此獲利了結。

·迷思二：我買不到當初的入場價格怎麼辦？

這是我聽過最有趣的問題。透過一道小學數學題，就可以輕易地破解這個迷思：

小明是投資新手，開始學習投資股票。

某年3月，買進了股票A，買入價爲50元，買進5張。

某年5月，股票A漲價到了60元，報酬率20%，已經達到了小明的停利點。這時候他陷入掙扎，**股市一片看好，應該停利出場或者持續加碼？**

其實這個掙扎根本不存在，而是將兩個問題混爲一談。停利出場是「出場策略」的問題，持續加碼是「選股策略」的問題，拆解來看

思路就會清楚多了。

> 某年3月，股票A買入價為50元×5張＝25萬元，是小明最初的投資本金。
> 某年5月，股票A市場價為60元×5張＝30萬元，是小明的股票帳面價值。
> 因為已經達到停利點了，基於嚴守停利停損點的原則，我們會直接「視為」出場。
> 所以，小明現在擁有了30萬的投資本金。那麼，假設經過一番選股策略的分析，股票A的基本面與財報面表現還是如我們所預期，具備高度的投資價值，那麼小明等於拿投資本金再去買股票A。
> 某年5月，股票A買入價60元×5張＝30萬元，就成了小明這時的投資本金。

「我買不到當初的入場價格怎麼辦？」這個問題的正確答案是：「不管你怎麼做，本來就買不到當初入場的價格！」所以有差別嗎？到了某年5月，不論你是選擇買進、賣出或持有，你都買不到股票A買入價50元了！所以這一點完全不應該作為你投資判斷的參考依據。所以「停利出場」是多此一舉嗎？當然不是。繼續回到剛剛的問題：

> 小明是投資新手，準備了25萬的投資本金。
> 某年3月，股票A買入價為50元×5張＝25萬元，是小明最初的投資本金。
> 某年5月，股票A市場價為60元×5張＝30萬元，是小明的股票帳面價值。
> 出場決策點：股票A達到小明預設的停利點20%，因此「視為」出場，並重複選股策略。

這時會出現兩種可能性：

1.股票A依舊符合小明的選股標準，適合持續投資。
小明是投資菜鳥，準備了30萬的投資本金，並且根據選股策略，再度選出股票A。
某年5月，股票A買入價60元×5張＝30萬元，是小明這時的投資本金。
某年7月，股票A持續漲價至72元，再度達到小明的停利點，進入出場決策點。

2.股票A不再符合小明的選股標準，改投資股票B、C、D⋯⋯
某年5月，股票A不符合選股標準，因此，小明決定將30萬本金改買30元的股票B共10張；某年7月，股票B持續漲價或跌價到小明的停利或停損點，再進行下次的決策點。

因為人類具備損失厭惡心理，唯有透過嚴守停利停損，才能幫助你腦袋清醒，重新客觀評估自己的選股是否需要修正。因此，可以將停利停損點視為選股機制再次啟動的決策點，實際操作起來就會單純許多。

特別是當你持有股票時，失去理智的機率會升高許多，很難再客觀評價你所擁有的股票。當股市大盤整體大漲的情況下，符合當初預期的選股標準的股票會越來越少，這時因為依照停利點標準，也會自然而然持有較多現金，就能做到有效提高報酬與降低風險。

第一步 認識金錢
做好財務規劃，管理你的收入來源

第二步 用時間賺錢
打造你的黃金履歷，提高主動收入

第三步 用錢賺錢
堅守投資策略，做好資產配置

‧迷思三：**停利出場可能會減損獲利與報酬**？

事實的眞相是「停利出場」才能讓你持續擁有高獲利與報酬，才不會淪爲紙上富貴一場空，我們繼續讓小明的經驗教會我們更多的事。

如果沒有停利出場機制，小明看到的投資現象是這樣的：

某年3月，小明買進股票A，買入價50元×5張。
某年5月，小明持有股票A，市場價60元×5張，帳面投報率20%。
某年7月，小明持有股票A，市場價70元×5張，帳面投報率40%。
隔年3月，小明持有股票A，市場價100元×5張，帳面投報率100%，覺得自己是股神。

然而，股市突然大跌時，小明就慌了手腳，覺得時不我予，還可能會恐慌性地賣出股票，也可能硬凹苦撐，想等盤勢漲回來，不知道下一步該怎麼做。
隔年7月，小明持有股票A，市場價60元×5張，帳面投報率突然變成20%，少賺的都覺得自己賠，每天都焦慮地觀望股市，想知道自己應該何時出場比較好，後悔當初沒有100元時就賣出。

如果具備停利出場機制，小明看到的投資現象是這樣的：

某年3月，小明買進股票A，買入價50元×5張。
某年5月，小明持有股票A，市場價60元×5張，帳面投報率20%。
→**出場決策點**1：重新進入選股機制，確認股票A適合投資，於是持續投資。

某年5月，小明持有股票A，買入價60元×5張。
某年7月，小明持有股票A，市場價72元×5張，帳面投報率20%。
→**出場決策點**2：重新進入選股機制，確認股票A適合投資，於是持

第一步 認識金錢
做好財務規劃，管理你的收入來源

第二步 用時間賺錢
打造你的黃金履歷，提高主動收入

第三步 用錢賺錢
堅守投資策略，做好資產配置

續投資。

某年7月，小明持有股票A，買入價72元×5張。
某年9月，小明持有股票A，市場價86.4元×5張，帳面投報率20%。
→**出場決策點**3：重新進入選股機制，確認股票A適合投資，於是持續投資。

某年9月，小明持有股票A，買入價86.4元×5張。
隔年3月，小明持有股票A，市場價103.68元×5張，帳面投報率20%。
→**出場決策點**4：重新進入選股機制，發現股票A成長週期開始減緩，也可能不符選股策略，因此轉移標的或獲利了結。

　　每次提醒大家要「嚴守停利點」時，多數人都會有迷思，認為停利以後就不能再買進，或是害怕買不到當初的價格。事實上，當你「50元買進、72元賣出」，跟你「50元買進、60元賣出，又60元買進、72元賣出」，兩者的投報率其實是差不多的，但是風險卻會小非常多，如此你才能對股市趨勢變化更加敏感，也能持續堅守當初設定的投資策略。

・迷思四：投資股票只設定停損點？停損一定會賠錢？

　　投資股票如果想要賺錢，停利點遠遠比停損點更加重要，只有設定停損點的下場，就是賺了你也捨不得賣，結果永遠只有賠錢出場。記得不要被股票帳戶提供的投資報酬率數據給迷惑了，該停利出場時就該獲利了結，才能真正成為你的財富。畢竟我們可不希望瞎忙投資股票幾年後，又回到最初

的資產原點，因此每一次出場決策點就應該是新的起點，同時也會大大降低你錯估停損的機率。

假設，小明當初停損是設定10%，停利點是20%。那麼如果到了「出場決策點3」後，當你重新入場，你的投資入場點已經視為86.4元。因此，假設股票下跌超過10%，也就是77.76元時，就應該達到了你的停損點，重新進入新的出場決策點，這時候再重新評估是否要再入場。

延續上例，假設股票持續上漲，在停利點時出場：

→**出場決策點**3：重新進入選股機制，確認股票A適合投資，於是持續投資。

某年9月，小明持有股票A，買入價86.4元×5張。
隔年3月，小明持有股票A，市場價103.68元×5張，帳面投報率20%。

→**出場決策點4─1**：重新進入選股機制，發現股票A成長周期開始減緩，也可能不符選股策略，因此轉移標的或獲利了結。

最後結算：
以小明最初入場的50元來說，理想情況獲利出場，總資產共成長了107.36%！

延續上例，假設股票反轉向下，在停損點時出場：

→**出場決策點**3：重新進入選股機制，確認股票A適合投資，於是持續投資。

某年9月，小明持有股票A，買入價86.4元×5張。
隔年3月，小明持有股票A，市場價下跌至77元，帳面投報－10%，
到達小明的停損點。

→**出場決策點**4－2：重新進入選股機制，發現股票A成長周期開始
減緩不符選股策略，因此轉移標的或停損出場。

最後結算：
以小明最初入場的50元來看，即使停損出場，總資產還是成長了
54%！

　由此可見，同時設定停利點與停損點，才能保證你即使停損出場，資產還是有可能持續增值。

‧迷思五：出場策略會造成交易成本手續費提高很多？

　對於投資新手，建議真的可以用「實際出場」讓股票帳面價值變成「現金存款」，之後再重新進行選股策略，來完成這樣的投資流程。因為許多人搞不清楚「股票帳面價值」與「現金存款」的差別，在股票交割戶的帳面價值顯示的資產總額，就誤以為自己已經賺到這樣的錢了。

　如果已經是投資老手，可以明確區分「股票帳面價值」與「現金存款」的差別，你就可以開始考慮不必實際做出買賣的動作，也能客觀評估每一個出場決策點。假設適合持續持有，就持續持有該投資標的；適合加碼或減碼，也都可以依照實際情況調整。比起堅守投資策略所損失的手續費相比，

股價下跌與腰斬的損失絕對更加地可觀。

　　看完以上股市投資的迷思後，我們更清楚透過停利停損點開始打造完整的投資策略，不論股票是上漲或下跌，都應該用一樣的選股標準來篩選，並且用停利停損來決定是否進出場。

　　只拿股市大盤上漲下跌來作為判斷入場唯一依據的人，都是不懂股票的徵兆，建議不要急著入場；不論股市漲跌都知道該怎麼投資，才是我們真正的學習目標。

第一步 認識金錢
做好財務規劃，管理你的收入來源

第二步 用時間賺錢
打造你的黃金履歷，提高主動收入

第三步 用錢賺錢
堅守投資策略，做好資產配置

3-4
房地產投資

　　背房貸二十到三十年才買得起一棟房子？這一道常見的媒體數學題是這樣算的：年輕人月薪3萬元，要買1,000萬的房子，好不容易存到頭期款200萬元，假設貸款八成是800萬元，每個月就算不吃不喝，拿全部薪水去還房貸，800萬／一年36萬＝22年，人生都在還房貸中辛苦度過，然後藉此抱怨政府房價、經濟不好各種理由，引起群眾憤恨，我們年輕人好悲慘啊！故事結束！

　　問題來了，如果總是像這樣被媒體報導煽動，只會變得越來越被動與怨天尤人，為自己的人生找藉口，忘了思考更深一層的解決方案，耽誤生命中許多可能。

買房跟你想的不一樣！

　　假設，我們就是那名年輕人，我的薪水難道過了二十年都不會成長嗎？除了還清房貸，還有沒有別的方式？我一定要一開始就買1,000萬的房子嗎？我買的房子就一定會住一輩子

嗎？我會換屋嗎？我一定要用自己的錢來買房子嗎？

事實上，擅長理財投資的人的數學算法，可能跟你不太一樣。先前強調過，理財中用來投資自己的「教育帳戶」為何如此重要？

你的薪資永遠不成長嗎？出社會前五年的平均薪資落在3萬上下，期間不斷提升自己的競爭能力後，第五年開始變5萬上下，第七年開始在10萬上下，接著持續成長到20萬元；當薪資大於10萬時，你只要十年就能還清房貸，當月薪大於20萬後，只要五年就可以全額買斷上千萬的房產。

薪資成長也許是一個理想值，但是二十年月薪3萬不漲，也只是一個「理論值」。

依人生階段更新買房目標

你的房子買來就一定永遠自住不換屋嗎？在年輕時就有能力購置房產的人，不一定是因為生對家庭、有好父母，大多數人是隨著需求改變，先買小房，再換大房，一步一步成長，捨棄第一選擇，先從「買得起」開始購入房地產。

舉例來說，買了500萬的房子，自備100萬，貸款400萬，平均月繳2萬房貸。假設簡化問題，不考慮複雜的本利和等利息算法，在房貸繳了三年後，總共已繳了72萬元，房價正好漲了10%，賣掉550萬，成家換屋，拿回：550萬－（328萬未繳貸款）＝222萬，接著222萬就變成了1,000萬房產的頭期款，再買下新的房子；在房價多頭時期，這樣的換屋模式很快就

會讓資產增值，就算空頭時仍有機會找到條件不錯的新物件。

買房只能靠自己？

一定要全部拿自己的錢來買房子嗎？這個問題比較進階，在此談的不是當靠爸族向家裡拿錢，而是許多房產投資會見到的「募資」或「團隊共同持有物件」的合購方式，甚至轉變為一些商業模式。因為這些方式牽涉到許多法律細節，像是信託、估價方式與購買戶條件等，在此先不深入著墨，只單純給大家一個靈感。

關於買房投資，多數問題只需要學會小學的「加減乘除」就絕對夠用，重點在於不要只是看了最初的問題就先自我放棄，而是從每個問題當中，再去發展出適合自己的解決方法，這樣的態度不只適用在理財上，在生活的許多方面都非常管用，希望下次看見新聞的理財數學題時，你也能找到新的解法，加速自己的買房人生！

投資房地產該怎麼開始？

在投資領域當中，房地產買賣投資需要的準備金較大，由於居住屬於剛性需求，因此成為多數退休族心目中最穩健的投資標的。在此提供幾個基礎概念，讓你可以更快進入房地產的世界。

首先，我會建議想買房的人先問自己三個問題，用來釐清買房的目標與目的：

1.Why？你為什麼想要了解房地產？

2.What？房地產的種類有哪些？

3.How？買房資金的來源有哪些？

能夠找出以上三個問題的答案，就算跨出房地產買賣重要的第一步。

Why？你為什麼想要了解房地產？

開始接觸房地產買賣，你的需求是屬於自住，還是投資？需求不同，考量的點自然不同。

自住的話，通常只需要考慮兩個條件：第一，爽，也就是符合內心期待；第二，買得起。只要滿足這兩者，就可以下手買進自住屋。

投資的話就不同了，建議評估以下兩種獲利模式，到底哪一個才是你想要的？第一，資本利得，賺價差；第二，現金流，賺租金收入。

※思考一下：投資房地產，你真正想要的目標是快速累積財富，還是想賺取被動收入？釐清自己的投資目標，才是你真正開始學習投資房地產的首要條件。

What？**房地產的種類有哪些？**

確認房地產的用途後，下一個階段就是學習認識房地產的種類，共分為兩大類型：成屋與非成屋。

成屋：新成屋、中古屋、法拍屋；概念上，可以當作股票現貨來看待。

預售屋：紅單、白單、買房契約書；概念上，可以當作選擇權來看待。

如果是成屋，買賣過程中的法規與房屋買賣直接相關，因此需要同時考量持有成本、房屋稅、地價稅、奢侈稅等費用；而預售屋的買賣，比較像是房屋優先承購權利的買賣，雙方同意價格，就可直接進行買賣，衍生的稅務費用相對較少。需要特別注意的是可能會有禁止交易的閉鎖期，如果是十個月閉鎖期，就代表購買後必須持有十個月，不得轉售。

How？**買房資金來源有哪些？**

常見的房地產買賣資金來源有以下幾種，大家可以看看自己屬於哪一種，並且多了解不同的籌備資金過程，相信對你未來購屋會頗有幫助。

❶**自備款**：(1)擁有多少現金？(2)還款計畫？

❷**籌資集資**：(1)多人集資的操作模式與風險？(2)對外籌資的方式有哪些？（補充說明：「募資」或「團隊共同持有物件」的合購方式與商業模式，因為牽涉許多法律細節，像是信託、估價方式與購買戶條件等，在此先不深入著墨。）

❸**銀行貸款**：(1)是否培養好信用？(2)銀行估價與實際價格的差別？

❹**零元投資、超貸和其他常見說法**。

未來若有機會接觸房地產投資，就會更有頭緒自己遇到的是哪一種類型。

接下來將提供五道房地產小學數學題，只要順利完成這些題目，你就能對房地產投資獲利模式有初步概念。

首先複習一下投資報酬率（ROI）的計算公式為：

投資報酬率（ROI）＝利潤／投資總額×100%。

請問：

Q1：透過買賣房地產賺取價差

你買了一棟1,000萬的房子，貸款八成，自付兩成，一年後，扣除利息成本，出售獲利100萬，請問投資報酬率多少？這屬於哪一種投資？優點與缺點？風險有哪些？

答：

投資報酬率（ROI）＝年利潤／投資總額×100%

本金＝200萬；利潤＝100萬

投資報酬率＝100萬／200萬＝50%

→這次房地產投資賺取了50%的報酬。屬於「資本利得」型投資，需注意短年期內買賣會有奢侈稅的問題，以及購屋

貸款有成數限制。優點是投資報酬率高，缺點是槓桿較高，風險是如果房價下跌時，損失也會非常可觀。

第一步 認識金錢
做好財務規劃，管理你的收入來源

第二步 用時間賺錢
打造你的黃金履歷，提高主動收入

第三步 用錢賺錢
堅守投資策略，做好資產配置

Q2：透過購買預售屋的優先承購權賺取價差

你買了一棟1,000萬的預售屋，貸款八成，自付兩成，三年成屋後、過戶前，出售獲利150萬，請問投資報酬率多少？這屬於哪一種投資？優點與缺點？風險有哪些？

答：

投資報酬率（ROI）＝年利潤／投資總額×100%

本金＝200萬；利潤＝150萬

投資報酬率＝150萬／200萬＝75%

→這次房地產投資賺取了75%的報酬。屬於「資本利得」型投資，預售屋買賣無奢侈稅的問題，無購屋貸款成數限制，留意買賣閉鎖期。優點是投資報酬率高，缺點是閉鎖期可能會凍結資金，風險是房價下跌會產生虧損。

Q3：自己買下房屋當房東賺取租金收入

你買了一棟1,000萬的房子，貸款八成，自付兩成，扣除每月房貸成本，月租金淨賺2萬元。出租一年後，請問該年投資報酬率多少？這屬於哪一種投資？優點與缺點？風險有哪些？

答：

投資報酬率（ROI）＝ 年利潤／投資總額×100％

本金＝200萬；利潤＝24萬

投資報酬率＝24萬／200萬＝12％

→這次房地產投資每年賺取了12％的現金流收益。屬於「現金流」型投資，如果在幾年後平轉出去（買價與賣價相同，沒有賺價差的權利移轉），房租收益都是額外淨賺收益，也有機會在房市多頭時賺取價差；如果房價不好時，可以穩定收租。優點是現金流穩定，可以打造被動收入，缺點是回本時間較長，風險是房客管理問題。

Q4：透過老屋改造當二房東

你找到未整理的三房兩廳中古屋，年租120,000元，打滿五年契約，花了60萬重新裝潢，以月租金30,000元出租，請問第幾年開始回本？定期收租第五年的投報率為何？這屬於哪一種投資？

答：

投資報酬率（ROI）＝ 年利潤／投資總額×100％

本金＝（年租金12萬×5年）+裝潢費60萬＝120萬

利潤＝（月租3萬－月租成本1萬）×12個月×5年＝120萬

投資報酬率＝120萬／120萬＝100％

→在第五年時，二房東的物件會剛好回本。屬於「現金流」型投資，在這個例子裡面，二房東並沒有較高的獲利，因爲被裝潢成本稀釋掉太多，在實務上通常需要事先評估前幾年的投報率，才能確保投資效益。潛在風險是房客管理與大房東收回房屋問題。

Q5：成爲Airbnb房東的必備公式

你租下月租金15,000元的套房，並準備20萬元重新整理裝潢，之後以每天2,000元價格出租，假設平均滿租率爲50%，請問一年後投報率多少？這屬於哪一種投資？優點與缺點？風險有哪些？

答：

第一年：

本金 = 裝潢費20萬 ＋（月租15,000元×12個月）= 38萬

收入 = 日租2,000元×每月30天×滿租率50% ×12個月 = 36萬／年

利潤 = 36萬－38萬 = －2萬，第一年尚未回本。

投資報酬率（ROI）= －2萬／38萬 = －5.26%

第二年：

成本 = 月租15,000元×12個月 = 18萬／年

收入 = 日租2,000元×每月30天×滿租率50% ×12個月 = 36萬／年

利潤 = 36萬－18萬 = 18萬／年，扣除第一年尚未回本的

第一步 認識金錢
做好財務規劃，管理你的收入來源

第二步 用時間賺錢
打造你的黃金履歷，提高主動收入

第三步 用錢賺錢
堅守投資策略，做好資產配置

2萬元，共賺到16萬。

投資報酬率（ROI）= 16萬／18萬= 88.89%

　　→成為Airbnb房東屬於「現金流」類型的投資。優點是初期投入成本不高，可以較快回本，缺點是房客管理較複雜，某些縣市還有法規限制。風險是屋主可能會收回房屋。

　　練習算出以上的答案了嗎？這五題小學數學題，就是最常見的房地產投資獲利模式，只要能夠理解應用，恭喜你！已經邁出房地產投資的一大步了。

三種最常見的房地產投資類型

　　最後，來分享三種最常見的房地產投資客類型，未來看著媒體報導各種房地產投資的資訊時，就不再是霧裡看花，搞不清楚狀況了。

資本利得型

　　想讓財富快速翻倍成長，資產短期內迅速增值，那麼資本利得型投資可以幫助你盡早達成目標，以下分享三種投資客操作模式，通常大多挑選一樣來精通，這些都是身邊朋友的真實經驗，每一位都身價破億，可說是三種經典的價差獲利模式。

❶炒紅單獲利：

炒紅單是指房市看漲時期，透過預售屋在成屋前的價格上揚，賺取差價；由於還在付訂金、簽約金、開工款之前，只需要支付幾十萬的紅單訂金，而不需要動輒幾百萬的頭期款，所以在早期算是房地產界知名的套利模式。

後來為了避免有心人士透過這些模式炒作房價，現在的法規多有綁約限制，必須持有房屋契約達到一年以上才能進行轉約。

此類投資最關鍵的就是情報戰，誰的情報多，誰就勝出，以及是否有精確的眼光，有能力分析並了解都市發展的進程，因此都市計畫也常是這類型投資客關心的重點。

❷只買最好地段的稀有物件：

這是最直覺的投資模式，只挑選極佳地段的物件收藏，如果是資本雄厚的投資客，通常會採取這種策略。因為這類型的物件收藏價值較高，身處蛋黃區房價易漲難跌，也更能保值。

這類投資客大都有非常賺錢的本業，透過這種模式來置產，做好完整的資產配置，因此也是持有時間最長的資本型房地產投資客。物件類型像是臺北市大安、信義計畫區或各地區稀有物件，投資原則「物以稀為貴」，即使不是臺北市中心，也會挑選各縣市當中最好的地段。曾經聽過的實際案例是投資大安、信義區，持有房產十四年，從每坪80萬一路飆漲到每坪200萬元。

第一步 認識金錢
做好財務規劃，管理你的收入來源

第二步 用時間賺錢
打造你的黃金履歷，提高主動收入

第三步 用錢賺錢
堅守投資策略，做好資產配置

❸ 只買忽略地段的最便宜價格：

比起挑選萬眾矚目的市中心精華地段稀有物件，另一種極端的投資策略，喜歡去挑選大家忽略的邊緣地段，找到最便宜的價格入手，一坪40萬的房子漲價到80萬，畢竟是少數，但是，受忽略地段一坪10萬的房子漲到20萬的機率就高上許多。重點是以投資報酬率來看，一樣是資產成長了兩倍。

當別人還在關注臺北市中心的高房價，這類投資客選擇大家意想不到的基隆與汐止，看好當地發展，在房價一坪8萬時就買進數百坪，等到房價變成一坪12萬時，再慢慢賣出，一樣賺足價差紅利。

現金流型

如果想要早點賺取足夠的被動收入，趁年輕時就達到財務自由，那麼現金流的投資方式就很適合你，比起資本利得賺價差的投資客在乎買賣時機點，現金流型的房地產投資客奉行《富爸爸，窮爸爸》作者羅伯特‧清崎的理念，長期累積資產，並且打造租金收入，所以價格高低反而不是最重要的考量，當地的租金行情與租金投報率才是關注的重點。

現金流型一樣有三種投資策略適合操作，通常都是擇一專精，很少有人會發散精力每種方法都使用看看，我也不建議大家這樣做。最佳策略通常是找到最適合自己的獲利模式，然後重複流程，並複製在不同的投資標的上。

❶賺月租金：賺月租金的模式有兩種，如果是資本較低的人，可以選擇和具備閒置資產的老房東們簽長約，透過年租轉月租的方式，將房屋出租給別人。

如果是資本較高或集資為主的人，則可以選擇透過購買房屋的方式進行操作，由於我們的目標是轉化為租金收益，所以挑選標的時，通常會選擇一些看起來無法立即入住，但是地點極好的物件，再透過房屋改造來提升居住品質。

❷賺日租金：相信許多人都有過旅遊的經驗，特別是Airbnb的盛行。世界各地的風格民宿盡收眼底，因此日租套房與民宿變得非常盛行，同樣的，如果是資本較低的人，也可以透過月租轉日租的方式，並且透過輕裝潢創造出不同的風格，資本較高的人，可以採用購屋方式來經營自己的民宿。

❸賺場地費：租金的其他營利模式，像是教室、店面、活動場地、停車場等，我們經常會有各式的場地需求，透過提供場地出租，也是利用切割時間碎片化換取價值的方式。

仲介型

在房地產投資領域，除了以上兩種投資獲利模式外，還有一種是看起來像投資客的仲介，他們的獲利方式並不一定是靠投資房地產本身，而是透過買賣仲介與開課教學來賺取主要收入。

第一步 認識金錢
做好財務規劃，管理你的收入來源

第二步 用時間賺錢
打造你的黃金履歷，提高主動收入

第三步 用錢賺錢
堅守投資策略，做好資產配置

❶**直接和建商團購物件**：透過建立購屋人脈名單，例如：100間房的團購，然後抽中人費與介紹費，中人行情保留戶通常一般住家行情10萬元，店面行情可能是幾十萬到上百萬，這些還不屬於房價的部分；而介紹費行情在最一開始由建商提供時可能是房價的1%左右，當代銷公司接手後，通常每位已購戶的介紹費多在定額2到5萬之間。

❷**開設課程收集名單，賺買屋介紹費**：許多人初入房地產領域，可能會透過市面上的課程學習，這時候建議觀察一下，這些老師是否有自己真實的投資經驗，以及是否在市場上持續投資？

市面上介紹費行情約在1到5萬或房價1%到2%左右，這些人可能是仲介、有力人士與職業講師，他們在房地產領域的獲利模式與房價漲跌無關，而是透過買賣頻率賺取收入，因此對於相關投資建議需要謹慎對待。

如何挑選適合自己的房屋？

房屋分為成屋與預售屋，根據這兩者的差別，挑選的方式也會截然不同，在此快速摘要一些重點供大家比較參考，未來需要買房時，推薦大家可以做一份檢核表，加在自己的看屋紀錄表當中，可以在更短的時間內了解自己真正的需求是什麼？

❶ **成屋**：如果是選擇成屋標的，需要把握以下幾個原則：

(1)**風火水電光**：通風、火爐、水電、採光。

(2)**天地牆柱窗**：天花板、地板、牆壁、樑柱、窗戶。

(3)**地段**：交通便利性、生活機能商圈發展性、明星學區。

(4)**環境**：周邊景觀視野、治安、鄰居品質、公設內容。

(5)**價格**：房屋售價、貸款條件、裝潢成本、仲介。

(6)**收益**：投資報酬率、租金投報、價差投報。

❷ **預售屋**：預售屋因為還沒有蓋好，所以考量的重點與成屋大不相同，比起房屋本身的品質，更在乎地區的發展性，也只能就有限的資訊來找出適合自己的標的。

(1)**區域行情**：目前建案周邊現有房價行情是非常重要的價格情報。

(2)**平面圖、座向**：平面圖可以看出房屋格局、房屋座向、是否有東北季風或西曬問題。

(3)**資金周轉**：評估一下訂簽開、每期工程款、留意自己的理財習慣是否適合。

(4)**履約保證**：房屋交屋是否有履約保證。

(5)**貸款成數**：房屋貸款條件、個人的信用狀況、留意價格是否買貴。

(6)**公設比、雨遮**：公設比是否合理？雨遮是否計入坪數。

(7)**建商評價**：建商口碑如何？建材如何？是否有糾紛案件？

第一步 認識金錢
做好財務規劃，管理你的收入來源

第二步 用時間賺錢
打造你的黃金履歷，提高主動收入

第三步 用錢賺錢
堅守投資策略，做好資產配置

買房該如何做好財務規劃？

購買房地產時，銀行貸款的條件非常重要，這也常是許多人感到最困擾的問題。如果你在三年內有置產計畫，建議可以提早準備，以免辛辛苦苦存到了自備款，卻沒有辦法順利核貸而增加買房壓力。在此針對如何提高貸款條件提供一些小技巧，方便大家核貸時更加順利。

以下文件是銀行常見的審核資料，也是可以幫助提高個人貸款額度的方式，如果核貸上面遇到困難，可以留意一下是否有哪些資料可以預先準備，在需要申請高額房貸時就能順利核貸下來。

· **良好的薪轉紀錄**：如果是一般上班族，最簡單的方式就是提供薪轉帳戶資料。如果在知名企業或穩定職業，如：公務員，通常會非常加分，有機會貸款到不錯的額度。

· **三個月內的財力證明**：如果沒有穩定的薪資收入，像是自由工作者、自營業者等，提供存款餘額證明也會有幫助，通常最少需要50萬左右的存款，100萬以上尤佳。

· **提供保證人**：如果自己的信用狀況普通，親友收入狀態較穩定，可以尋求親友的協助作為保證人。但也因為保證人具備連帶責任，所以通常都是親屬居多。

· **名下是否有房屋**：名下如果有其他不動產，銀行就不太擔心無法收回借款，通常會很放心地借款給你，只是要留意自己的現金流狀態。

第一步 認識金錢
做好財務規劃，管理你的收入來源

第二步 用時間賺錢
打造你的黃金履歷，提高主動收入

第三步 用錢賺錢
堅守投資策略，做好資產配置

‧**信用貸款先還掉**：如果名下有任何信用貸款，建議先還掉再說。在理財當中最忌諱以短支長，意思就是拿短期的高利負債來支付長期的低利貸款，容易落入負債循環。

‧**增加與貸款銀行的往來**：與銀行過去有往來經驗，並且借還款準時，留下好記錄的人，通常比較容易借到款項，薪轉銀行也是可以優先考慮的銀行。

‧**壽險公司貸款**：除了銀行以外，壽險公司也非常適合作為借款單位。而且為了和銀行競爭，可能有機會談到較優惠的利率貸款，也是大家可以參考的方向。

3-5
投資觀念小錦囊

負債投資可不可行？

不少人因為資金不夠想投資，就會考慮透過負債槓桿投資。這時需要釐清以下三個重點：負債屬於哪一種類型？借來的錢打算花到哪裡？還款計畫是什麼？

1.負債屬於哪一種類型？

判斷負債是好債或壞債，最簡單的方式就是從利率判別。我們一般人常見的學貸、房貸等，因為利息較低約在1%到2%左右，這是一般穩健投資就有機會超越的投資報酬率，因此假使你的貸款利息落在這個區間，自己本身又有基礎的投資能力，那麼我建議可以依照期數穩定償還即可，不必急著馬上還清，將大部分的現金留在手頭做投資規劃。

相反的，如果你目前的貸款利率高於5%，甚至10%以上，那麼我會強烈建議你越早還清越好，因為就連股神巴菲特的平均年化報酬頂多在8%到10%左右，因此只要貸款利率超越這樣的年化報酬率，都很容易陷入負債循環。

2.借來的錢打算花到哪裡去？

不論好債或壞債，你借來的錢打算怎麼使用？這都是非常重要的問題。假設只是作為一般奢侈消費，利用未來的信用滿足現在的物質生活，那麼我會強烈建議你，不管利息有多低，都應該立刻還清，不要拿來作為當下享樂型消費，因為你等於拿負利率來換取零利率價值的結果。

相反的，如果你借款是為了投資自己的專業能力，投資有發展性的商品或個人事業，那麼這肯定是較好的選擇，可以讓你踏上有錢人的軌道。因為多數有錢人都非常懂得善用好債來為自己創造槓桿，以放大投資報酬。

3.還款計畫是什麼？

借錢不難，也不一定是壞事，壞事的通常是沒有任何還款計畫，恣意消耗自己的信用，只想先借了再說。不論是好債或壞債，或是用來消費或投資，好的還款計畫都是必須的。

可以練習搭配理財計畫一起進行，每個月的收入，分配一定比例作為還款資金，通常我的建議是負債不要超過月收入的10%，房貸不要超過月收入的30%。為了確保即使突然失業或失去收入，都不會影響還款計畫的進行，造成信用破產，備足緊急備用金之外，在生活必須開銷中，也需要將每月清償的債務同時考慮進去。

舉例來說，假設你的生活必須開銷是20,000元，每月負債現金流是5,000元：

在沒有負債的情況下，你的緊急備用金是20,000元×6個月＝120,000元。

在擁有負債的情況下，你的緊急備用金應該是25,000元×6個月＝150,000元。

探討完以上三大負債投資管理重點後，再來分享一些簡單的負債槓桿思維。接下來的內容比較進階，如果前面三大重點還搞不清楚的人，建議不要任意使用以下技巧。

在房地產投資當中，我們通常會善用房貸寬限期，假設人生還在變動階段，幾年內可能會換屋，那麼透過還息不還本的方式，降低前二到三年的償還壓力。在這種情況下，銀行其實就像是我們的房東，我們繳交的利息就像是我們的房租，但是房子的屋主仍舊是我們自己，因此房價看漲時，仍然可以享受到價差獲利的好處。

在股票投資上，負債槓桿觀念通常應用在融資融券上，如果明確看好一個投資標的，一樣可以透過向銀行借錢（融資）或跟券商借券（融券）的方式，運用較高的槓桿，用少少的資金達到資產翻倍的效果。在此最關鍵的是，自己是否有完整評估個人的風險承擔能力，只要確實評估清楚，就可以嘗試股票槓桿投資。

談完基礎的負債投資管理法後，接下來聊聊投資心態建立的過程當中，為什麼慈善捐贈經常被提及，甚至許多投資人都深信，適當的慈善捐贈可以大幅提高投資勝率。

慈善捐贈為什麼能提高投資勝率？

不論是《有錢人想的跟你不一樣》或《思考致富聖經》，都曾提過關於慈善捐贈所帶來的財富力量。許多人感到疑惑，為什麼理財規劃當中，總是有慈善捐贈帳戶，而且許多有錢人都鼓吹慈善捐贈的好處，就是可以讓你變得更富有。

在我的觀點看來，我們做慈善捐贈時就是把錢捐出去，然後期待讓世界變得更好，等待事情發生；可是在投資時，把錢投資出去後，可能變得患得患失，怕輸、怕失去，也跟著失去了對待投資應有的理性態度。而習慣性的慈善捐贈，不只可以累積福報，更大的原因是可以培養投資應有的正確心性，進而提高投資勝率。

在猶太教與基督教中的十一奉獻，跟在六罐子理財法分享的月收入10%作為慈善捐贈帳戶，兩種觀念不謀而合；而大乘佛教的《金剛經》中，也同樣有透過奉獻可以種植財富種子的說法。不約而同地，東方與西方都有支持慈善捐贈的理念。

蕾咪在大學畢業後的第一年，領到第一份薪水時，就開始養成了定期慈善捐贈的習慣，當時先從認養一個世界展望會的小孩開始，每個月700元，一晃眼就是十年；隨著自己每年收入逐漸成長，也逐漸增加了各種慈善捐贈管道，像是浪浪驛站、失智老人基金會、家扶中心，以及一些較不具知名度的地區孤兒院等。

第一步 認識金錢
做好財務規劃，管理你的收入來源

第二步 用時間賺錢
打造你的黃金履歷，提高主動收入

第三步 用錢賺錢
堅守投資策略，做好資產配置

還記得在自己剛出社會月入2萬多時，曾經有幾個月是月光族，體會到沒有錢的痛苦，後來在臺大進修時，因爲缺乏收入來源，選擇助學貸款之餘，只能坐吃山空過去的存款，曾一度想停掉每個月的定期捐贈，但是當我眞的想停掉時，瞬間覺得自己很愚蠢。

一個月700元，對我來說可能只是幾餐飯的錢，卻可能是供養一個孩子的生活費。這筆錢說大不不大、對學生的我說小也不小，但是在給予的過程中，讓我感受到自己是富有的，光是這個心態的養成，就能帶來意想不到的正面效果。

因此，我個人非常推薦大家養成慈善捐贈的習慣，透過幫助別人，我們更能看見自己的價值，培養正確投資的心性，以及在給予的過程中體驗到應有的富人心態。

小心投資騙局，賠上你的人生

說到被動收入與投資賺錢，市面上其實有非常多美其名的資金盤騙局，也有許多人誤入歧途，落得血本無歸。賠錢事小，麻煩的是有些人連自己的人生信用與人脈關係都賠了進去。

這些資金盤可能會透過各種時下熱門議題來操作，這陣子流行飲料店加盟，就說是投資飲料店，流行蛋塔店，就說是投資蛋塔店，流行虛擬貨幣，就說是投資虛擬貨幣；不管他們主推的商品是什麼，投資套路與邏輯都一樣──舉辦許多

精釆的說明會，有人在臺上炫富做見證，強調你不必付出任何努力，只要掏錢出來投資就對了。

然而事實是，這世界上所有能快速賺錢的方法，都需要花很多的努力，不管是投入你的時間或精力，都需要你的付出；單純只需要投入金錢就帶來的投資獲益，也需要你願意耐心等待，讓時間跟投資標的長跑，才有機會看到可觀的報酬。

因此，所有號稱能讓你保證獲利、短期致富的投資，都要小心可能是陷阱。

雖然我一直相信人性本善，但我們仍要學會保護自己，當一個看似美好的投資機會出現在你眼前時，可以問問自己：「你憑什麼得到一個這麼好的投資機會？」我的想法很單純，如果是一個保證賺錢的機會，我自己肯定是賣掉房子、高利貸款都願意砸錢投資，不太可能會花了大把力氣，邀請一堆非親非故的人來說明投資機會，並且想盡辦法說服對方投資，畢竟自己投資都來不及了。

曾經有位朋友，她是個漂亮又有能力的女孩，剛出社會不久就擁有不錯的收入，後來透過朋友介紹，參與了許多她以前沒有接觸過的投資機會。在投資的前幾個月，她順利拿到不錯的收益，於是興高釆烈地邀請她的親朋好友一起加入；經過三個月以後，身邊信任她的親友都跟著投資了，扣除她自己投入的100萬元，其他親友也零零總總投入了300多萬元。

持續領取高額利息的她，經過半年，發現當初投資的單位突然消失了！她找不到聯繫的窗口，甚至當初的辦公室也人去樓空。聽了她推薦而投資的親友們也遇到一樣的困境，於是紛紛找上她。後來，她輾轉得知這是一場騙局後，非常後悔，對身邊的親友感到十分愧疚，沒有臉面對他們，最後，她選擇自殺了。那一年，她才二十七歲。

　　在分享投資理財觀念的過程中，我們常常會遇見許多帶著不同故事的人，其中有些讓我感到最悲傷的真實故事，莫過於誤入投資陷阱而拖累親友，最後選擇結束自己年輕的生命。損失財富事小，失去周遭親友的信任，才是誤入資金盤騙局最讓人難受的原因。

　　無論如何，我希望每個人都不會誤入騙局，即使真的不小心被騙了，也不要輕易放棄自己的人生。因為不管多少錢，我們都有機會賺得回來，但生命一旦提早結束，就再也沒有機會翻身。希望透過這本書的投資理財基礎觀念，能讓大家更有能力做出正確的判斷。

第一步 認識金錢
做好財務規劃，管理你的收入來源

第二步 用時間賺錢
打造你的黃金履歷，提高主動收入

第三步 用錢賺錢
堅守投資策略，做好資產配置

3-6
資產配置：
做好個人資產管理

農婦是村裡有名的養雞戶，她餵養的雞個個肉質肥嫩，自家母雞還很能下蛋。

聽說鄰近的市集上雞蛋價格漂亮，農婦決定拿出自家雞蛋去市集上賣。她在家翻箱倒櫃的，找到很大的籃子，把所有雞蛋統統裝到籃子裡。

剛要出門時，農婦的丈夫見此情景，便提醒農婦：「不要把所有雞蛋都放在同一個籃子裡，這樣太危險了！妳最好換小一點的籃子，多分裝幾個。」

「這一籃子雞蛋能有多重？你放心吧！沒問題。」農婦不以為然地說。

哪知，當農婦把裝滿雞蛋籃子拎起來時，突然底部裂開！所有的雞蛋全都掉在地上摔碎了，無一倖免。

農婦後悔莫及，坐在地上痛哭。

農婦的丈夫走過去看著壞掉的籃子，回頭安慰農婦說：「這個籃子好久沒用了，多處藤條已經快斷了，哪裡承受得

住那麼多雞蛋的重壓？以後注意一點，別把所有雞蛋放在同一個籃子裡。安全永遠是最重要的！」

何謂資產配置？

《金融分析研究期刊》發現：「根據私人銀行研究指出，影響投資報酬率的主要關鍵因素中，資產配置占91.5%，勝過選股4.6%與擇時1.8%，因此資產配置得宜是做好財富管理、使財富增值的最主要因素。」

多數有錢人真正在做的事，是做好「財務規劃」與「資產配置」，這是他們不論股市漲跌、經濟好壞，也能變得越來越有錢的主要因素。

簡單來說，就是我們常聽見的「不要將雞蛋放在同一個籃子裡」。因為只有這樣，我們才能做好資產的風險管理，為了避免隨著市場的起伏，讓財產受到威脅，曇花一現，所以比起學習股票買賣的殺進殺出，更希望大家可以建立好資產配置的基本功。資產配置的最主要目的，就是為了提高報酬、降低風險。

在此分享常見的三種資產配置的方式：以年紀、退休年數、資產本身的風險屬性為基準，希望能給大家帶來啟發。

1.以年紀作為資產配置的基準

資產配置最入門的方式，就是從自己的年紀開始，假設你現在三十歲，可以將30%放在穩健保守型的投資，70%放在積極成長型的投資；隨著年紀增長，積極成長型的部位開始減少，而穩健保守的比例增加；假設你已經六十歲了，那麼60%放在穩健保守型的投資，40%放在積極成長型投資。

年輕時，因為我們擁有珍貴的資源「時間」，所以即使投資失敗了，也可以快速爬起來，或是找到新工作；但是隨著年紀增長，我們可能沒有這麼長的時間重新振作，甚至也更難找到新工作，對於資產管理的態度也該更趨於穩健保守。透過這樣的資產配置方式，可以確保老年時的資產更安全有保障。

2.以退休年數作為資產配置的基準

上一種方法是假設退休年齡為六十歲，第二種方法則更加積極，由你自己來設定退休的年齡，並估算剩餘的退休年數，每一年希望有多少錢可以花用，以此作為資產配置的基準。

我們設定退休的基準，可能是淨資產2,000萬元、可能是每月被動收入10萬元，明確算出退休生活所需，就更能幫助我們將退休生活具體化，提早做出適合的資產配置。

第一步 認識金錢
做好財務規劃，管理你的收入來源

第二步 用時間賺錢
打造你的黃金履歷，提高主動收入

第三步 用錢賺錢
堅守投資策略，做好資產配置

蕾咪今年20歲，她計畫在45歲退休，那麼距離她退休還剩下25年，請問，假設她可以活到80歲，希望每個月有10萬元可供花用，那麼她應該為退休生活準備多少錢？

答案：
45歲（退休年紀）－20歲（開始年紀）＝25年（距離想退休的年紀）
80歲（死亡年紀）－45歲（退休年紀）＝35年（預估餘命）

希望退休後每個月有10萬元可供花用：
10萬（月生活費）× 12個月 ＝ 120萬／年
120萬（年生活費）× 35年餘命 ＝ 4,200萬元

因此，蕾咪需要在45歲那年，至少擁有4,200萬元的淨現金資產；或是，到45歲時每個月可以創造10萬元的被動收入資產。

　　因為以退休年數為基準，所以當越靠近四十五歲時，整體資產配置也就更趨於保守，當然，如果還有置產與其他的規劃，金額就更不只是這樣了。有的人熱愛工作，可能會延遲退休年紀，但也有人希望盡早享受人生，所以會將退休時間提前，這個方式可能更符合每個人個別的價值觀。

3.以資產本身的風險屬性作為基準

　　有人對於風險屬性觀念並不完整，當提到資產配置時，想到的可能是放期貨、放基金、放股票，殊不知當經濟不景氣

時，這幾種都屬於同一類證券類商品，會一起隨著市場變化虧損與消失。

因此在做資產配置時，需特別注意選擇的資產類型，相互依賴性越低越好；換句話說，就是其中一種資產的漲跌與另一種資產的漲跌相反或毫無關聯，這樣才能做到有效的資產配置。以下分享「資產風險屬性管理表」提供參考。

圖表3-1：資產風險屬性管理表

資產類型	名稱	風險等級
現金	活存、定存、外幣	低
保險	儲蓄險、外幣儲蓄險、信託	低
房地產	預售屋、中古屋、新成屋	中
收藏品	名畫、珠寶、骨董	中
事業體	自營企業、上市企業	高
證券	股票、基金、債券	高
證券衍生商品	期貨、選擇權、外匯保證金	極高

表中同類商品屬於同一層風險等級，因此，如果要做到有效的資產配置，就要盡可能地分散於低、中、高等級風險的資產。例如：就算你買了不同家公司的股票，但都屬於同一種風險等級，並不算是完整的資產配置。

假性資產配置可能害你血本無歸

錯誤的資產配置：股票、基金、選擇權 →都是屬於證券與

第一步 認識金錢
做好財務規劃，管理你的收入來源

第二步 用時間賺錢
打造你的黃金履歷，提高主動收入

第三步 用錢賺錢
堅守投資策略，做好資產配置

證券衍生金融商品。

正確的資產配置：現金、房地產、股票 →屬於不同類型的資產。

單一資產類型也可以進行資產配置。

以股票為例，不同產業也有不同的風險等級，可以列為資產配置的依據。當買了一堆科技類股，其實就是把雞蛋放在同一個籃子裡。我們常聽見的專有名詞「概念股」，像是「蘋果概念股」「5G概念股」「遊戲概念股」等，透過共同的產業供應鏈投資，屬於同一籃子股票，這些股票可能隨著同一個市場趨勢而受惠上漲，也可能在同一個產業爆出負面消息時全數應聲下跌。

因此在投資股票時，我們一樣可以根據股票本身性質做風險等級分類，並且做好恰當的資產配置，就可以避免自己投資的股票屬性過度單一，隨著市場行情暴漲暴跌。

圖表3-2：以單一資產類型買股票的資產配置為例

投資人類型	名稱	風險等級	建議交易週期	投資目的
保守	ETF	低	每年	累積資產
穩健	定存股	低	每年	領取股息
穩健	價值投資股	中	每月	價差或股息
積極	波段成長股	中	每週	價差
積極	話題趨勢股	高	每天	價差

不同風險屬性的股票類型，通常會有不同的投資週期，因此了解自己是為了什麼投資非常重要，因為只有這樣，你才

知道多久該關心一次你買的股票？停利點與停損點應該設在哪裡？市場景氣變化時，應該優先處理哪幾個投資部位？

　　實際上的分配比例，可以依照個人需求而訂，參考年紀、職業、人格特質等，找到適合自己的方式。因此接下來要聊聊大家最常忽略的，職涯規劃與資產配置的關係。

職涯規劃與資產配置的關係

　　每種職業的風險屬性不同，也會直接影響到個人資產配置的策略，像是公務員與業務員的工作型態就很不一樣，一個是鐵飯碗，領固定薪資，另一個可能是無底薪業務，收入忽高忽低。

　　以下舉出三種常見的職業類型，分別討論他們的資產配置建議：

1.業務員的資產配置：

　　·**主業特性**：起薪低，成長高，初期收入可能不穩定，時間彈性可分配。

　　·**緊急備用**：六到九個月，類似自由工作者的理財模式。

　　·**理財規劃**：學會發薪水給自己，並且預留須墊付的資金。

　　·**投資策略**：50%以上放在穩健保守，其餘根據個人習慣分配。

第一步 認識金錢
做好財務規劃，管理你的收入來源

第二步 用時間賺錢
打造你的黃金履歷，提高主動收入

第三步 用錢賺錢
堅守投資策略，做好資產配置

2.軍公教的資產配置：

- **主業特性**：鐵飯碗，不怕失業，收入穩定，但不可兼職。
- **緊急備用**：三到六個月，較無失業風險。
- **理財規劃**：可以直接使用三信封或六罐子理財法。
- **投資策略**：可以將部分資金大膽嘗試高報酬、高風險的股票投資標的。

3.上班族的資產配置：

- **主業特性**：薪資中等有成長性，收入穩定可能兼職，時間較不可自由分配。
- **緊急備用**：六個月上下，確保自己萬一失業可以慢慢找工作。
- **理財規劃**：可使用三信封或六罐子理財法，必須保留教育基金投資專業職能。
- **投資策略**：可根據自己的年紀作為基本的資產配置策略。

　　當然，不諱言的，職業的選擇往往與人格特質有關，多數情況下，擁有高風險、高報酬的業務員，可能也會下意識地選擇高風險、高報酬的投資；人生追求保守穩定的公務員，可能也會在投資標的選擇上傾向保守。

　　因此，在此並非要大家違反本性做事，而是可以練習學

著「分配」：冒險性格的人，可以適當地配置20%到30%資產到低風險、低報酬的投資項目；保守性格的人正好相反，可以適當地配置20%到30%資產到高風險、高報酬的投資項目，這樣就能有效降低風險，並且提高報酬。

緊急備用金屬於資產配置的一環嗎？

在所有財務規劃的收支管理中，除了檢視個人的資金分配、負債比例，最重要的就是看看是否有備足緊急備用金。緊急備用金是理財規劃基本功，存到以後，你的理財規劃才有60分及格的基本分。

緊急備用金並不只是存一筆錢在戶頭、以備不時之需這麼簡單，重要的是讓人生可以無後顧之憂地擁有更多選擇的權利。

常見狀況像是家人突然遭逢變故、生病開刀、裁員失業，我們沒有人希望這些不好的事件發生，但是緊急備用金此刻就可以派上用場，讓你安心賺錢、安心找下一份喜歡的工作，而不必因為突然產生的金錢缺口，不小心犯下不必要的投資理財錯誤，跑去跟高利貸借錢、被迫選擇低薪工作、賣掉時機點不對的股票、被經濟壓力逼得想不開。

再者，在不同的職業屬性與職涯規劃階段，都需要準備不同額度的緊急備用金。如前所述，越是不需要擔心失業風險的人，可以選擇準備基本的緊急備用金，大約是三到六個月

的生活必須開銷，並且在投資時做一些大膽嘗試；相反的，職業變動性大的人，生活緊急備用金額度應該要拉高至六到九個月。

更甚者，如果未來打算自行接案、轉換領域，甚至是創業的人，準備兩年以上，也就是二十四個月的緊急備用金也是合理的。因為根據統計，多數自由接案者在開始接案後九個月左右才可以順利養活自己，平均放棄的時間是六個月；而多數的創業一開始並不會馬上賺進正現金流，多數人放棄創業的時間點在一年半，然而，多數成功創業家的創業起飛點卻是在兩年左右。

因此，隨著不同的職涯規劃，我們要準備的緊急備用金與資產配置也會大大不同。

如果沒有錢，還有需要資產配置嗎？在初期我們的資本有限，這時候似乎做資產配置顯得有點多餘，無法看出資金的效益。因此，在投資理財初期，我們著重在資金分配，並不需要刻意開始資產配置，因為可能也沒有多少錢可以配置。這是很正常的狀況，所以不需要過度自責。

只要練習將資金分配在投資、儲蓄、生活帳戶時，就是做到初階的資產配置，因為隨著每個人的財務目標、可承受風險屬性不同，我們會選擇不同的資金分配方式，直到資金累積越來越多，才會配置在不同的投資商品上，像是房地產、股票、儲蓄險等。

在我們學習投資之前，了解自己的風險屬性非常重要，在

此給大家一份功課，好好填寫自己的風險屬性表。目前因為法規的限制，在前往投信或券商開戶時，也會讓大家填寫這類表格來幫助評估。

第一步 認識金錢
做好財務規劃，管理你的收入來源

第二步 用時間賺錢
打造你的黃金履歷，提高主動收入

第三步 用錢賺錢
堅守投資策略，做好資產配置

圖表3-3：風險屬性評估表

（※第一到十題皆為必填，請依序填寫你的分數，由第一題開始加總你的分數）

編號	題目	分數
1	年紀： ❶70歲以上；　❷60到69歲；　❸50到59歲； ❹30到49歲；　❺20到29歲。	
2	金融商品的投資經驗： ❶無 ；❷未滿兩年；　❸兩年以上未滿五年； ❹五年以上未滿十年；❺十年以上。	
3	下列何者最能描述你的理財知識與股票投資情境？ ❶不熟悉，親友推薦就會投資； ❷投資經驗較少，通常不清楚也會投資； ❸了解多數的金融商品，會先判斷再投資； ❹對金融商品相當理解，完整了解後才投資； ❺本身為專業人士或有專業理財顧問，投資操作有一套策略。	
4	每年可投資金額（新臺幣）： ❶未滿50萬元；　❷50萬元以上未滿100萬元； ❸100萬元以上未滿300萬元；❹300萬元以上未滿1,000萬元； ❺1,000萬元以上。	
5	預計最快會動用到投資金額的大筆支出（例如：退休、購屋或子女教育）會在何時發生？ ❶一年(含)以內；❷超過一年、未達兩年； ❸超過兩年、未達五年；❹超過五年、未達十年； ❺超過十年以上。	
6	為了因應不時之需，你應該有一筆可以隨時動用的現金或活期存款做為備用金，請問你所持有的「備用金」相當於幾個月的家庭支出？ ❶沒有備用金 ；❷三個月以下；❸超過三個月、未達六個月； ❹超過六個月未達一年；❺超過一年以上。	
7	假設最初申購股票的淨值為十元，當你投資滿一年時，可以接受的淨值變動範圍？ ❶9.5～10.5元（−5%～5%）； ❷8.5～11.5元（−15%～15%）； ❸7.5～12.5元（−25%～25%）； ❹6.5～13.5元（−35%～35%）； ❺5.5～14.5元（−45%～45%）。	

8	假設過去一年以來，你原本100萬元臺幣的資金投入股票，已經損失10%，這時你會？ ❶ 全部認賠，把所有的錢拿回來； ❷ 部分買回，轉至風險較低的債券； ❸ 不會立刻採取行動，再觀望一陣子； ❹ 考慮以較低的價格進場攤平； ❺ 積極以較低的價格加碼進場。	
9	除股票外經常使用的投資理財工具（可複選，以最高分者計分）： ❶ 保險 / 新臺幣存款；❷ 互助會 / 外幣存款； ❸ 不動產；❹ 基金；❺ 期貨權證 / 其他。	
10	投資資金的主要來源（可複選，並請勾選細項，以最低分者計分）： ❶ 退休金；❷ 薪資 / 其他經常性收入 / 儲蓄； ❸ 租金 / 經營事業收入；❹ 投資獲利所得；❺ 遺產 / 餽贈。	
分數加總		

最後算出你的總分，對照以下看看適合自己的投資方式！

低度風險	中度風險	高度風險
10–17分	**18–30分**	**31–50分**
你屬於風險趨避者。通常期望避免投資本金之損失，但仍願意承受少量風險以增加投資報酬；投資主要為風險等級較低之商品；你了解並接受前述投資方式的本金損失風險略高於存款。	你屬於風險中立者。願意承擔部分風險以增加投資報酬；為了獲得提高投資報酬之機會，可以接受投資包含不同風險等級之商品；你了解並接受前述投資方式可能產生部分虧損及投資之價值可能頻繁波動。	你屬於風險追求者。願意承擔相當程度風險以增加投資報酬；可以接受將所有資金投資於風險等級較高之商品，例如：股票型基金，藉以獲取較高投資報酬；你了解並接受前述投資方式可能造成全部虧損及投資之價值可能頻繁且劇烈波動。
基金：風險等級 PR01與PR02	基金：風險等級PR1～PR4	基金：風險等級PR3～PR4
股票；ETF、定存股。	股票：價值股、波段成長股。	股票：波段成長股、話題趨勢股。
房地產：買房，純收租。	房地產：中古屋、買房賺價差。	房地產：預售屋、購屋買賣預約單（紅單）。

後記 ————
不藏私分享蕾咪的
11種被動收入

　　我二十八歲的時候，就達到每個月被動收入超過六位數門檻，從那時候開始，我第一次體會到什麼叫做財務自由，因為當時被動收入的水平，完全超過了我在外商上班時的收入。

　　隨著這幾年過去，我完成了人生清單上非常多的夢想，包含去日本學滑雪、單車環島、綠島深潛、學服裝設計、考品酒二級證照、不定期旅居歐美等；最重要的是，我可以隨時陪伴我的家人，因此我很喜歡身邊的人都可以像我一樣賺取被動收入，達到財務自由。

　　打造財務自由的過程就跟創業一樣，你必須盤點自己的資源，熟悉市場的商業模式，並建立自己的現金流系統，最關鍵的步驟就是讓自己「脫身」，建立一個不需要你的賺錢系

統，是我們打造被動收入過程中最首要的目標。

最後也不藏私分享蕾咪的11種被動收入來源，給大家做參考。未來若有更多的乾貨，我也還是會持續在網路上更新，分享給大家，希望能夠給你們一點靈感與動力。現在就開始跟我一起加入財富自由的行列吧！

Google Adsense流量收入

部落格跟YouTube頻道都有廣告收入，這些廣告會隨著流量增加，帶來一些被動收入，雖然沒有很高，但一個月至少也會有幾萬元，這也是我最早開始擁有的被動收入之一。有些朋友的個人網站每個月的流量是100到200萬，光是Google Adsense的收入每個月至少就有六位數以上。

聯盟行銷

這是我主要的被動收入來源，如果你的網站或自媒體能為你創造導購收入，也可能會有這筆被動收入。比如有些社團可能擁有十到二十萬的社員，在團主分享產品資訊後，就能創造更多銷售。而且並不需要為了想賺得更多而花更多力氣

推銷，我推銷的時間與精力可能是差不多的，但隨著會員的累積就能增加導購收入。

我的聯盟行銷領域為金融、精品、旅遊，一開始是從旅遊內容起家，所以初期有大量的被動收入都來自於旅遊產品導購分潤。

廣告版位出租

我小時候的夢想是當包租婆，但長大後發現買不起房子、當不了，但有一天我突然發現，網站就是一棟在網路上的房子，當我經營的網站開始有了流量，就會有許多廠商希望在我的網站裡搶到版位，願意每個月固定支付租金。雖然一開始量並不多，我的第一個客戶每月租金是1,500元，但被動收入的重點不是金額多寡，而是「能不能累積」，隨著流量提升或商業合作機會增加，也許光是廣告收入就能帶來可觀的收入。以知名的房地產網站為例，光一個版位大概每月租金就要10萬元！

創作者授權金

　　如果有客戶或是品牌需要使用到你原創的內容，像是照片、文字、聲音、影片，我通常會依照月分、使用時間長短收取授權金，好處是能衍生更多被動收入，缺點是並不是每個廠商爭取的授權時間都很長，通常是半年、一年、最多三年；如果十年以上，客戶通常會選擇買斷的方式，而不是跟你談長期授權。

股票股利

　　這是我第一個擁有的被動收入，在我還是上班族時就開始投資高殖利率的股票。不過股利在總資產還非常少時，是很難支付生活的，所以投資股票初期我一年只能拿到幾千元或一萬出頭的錢，平均一個月1,000、2,000元，但是，只要長期累積，就能跟許多早期的資深投資者一樣，在投資十年、二十年後可以單純只靠股利就有百萬年收，安心退休。

銀行利息、外匯利息

　　雖然說銀行利息、外匯利息、債券利息並不多，但打造被

動收入時，「累積」這兩個字要銘記心裡，只要能夠積少成多都值得投入。

創業成立公司

自己創辦公司，等到公司運轉成熟穩定時，就能每個月為自己創造被動收入。而你就是這家公司最大的股東，能拿到最多分紅。

出租屋

這是我正在進行中的被動收入，目前房子還在交屋階段，未來我計畫打造成可租賃的資產，把房子租給需要的人。

版稅

版稅可長可短，端看你的書籍屬於長銷型還是短銷型。短銷型的書像是緊扣時事議題的作品，長銷型的書像是工具書。出書的效益通常名聲大於金錢，但始終是被動收入，不少世界名著一賣就是幾十年。

線上課程

初期投入時間規劃課程，之後就能利用廣告行銷的方式自動產生銷售與進帳。坊間有非常多線上課程，如果只是單獨賣一波，其實不算完全的被動收入，只能算半被動收入，如果能持續在網路販售，並且提供後續服務，才算是健全的被動收入。

會員收入、付費訂閱

嚴格說來，這一項並非完全的被動收入，而是半被動收入。比方說我每個月承諾付費訂閱的會員產出幾篇文章，我的工作量每個月並不會改變，但若是會員增加，收入就會變多，雖然還是有一定程度的工作量，但是只要打造團隊協助執行，就可以變成被動收入。

www.booklife.com.tw   reader@mail.eurasian.com.tw

生涯智庫 194

小資族下班後翻倍賺
財富自由GET！3步驟月入六位數、30歲前晉升新富族

作　　者／蕾咪Rami
文字協力／ECHO李昶俊
人物攝影／野薑攝影工作室‧黃國華
照片提供／大美人雜誌
發 行 人／簡志忠
出 版 者／方智出版社股份有限公司
地　　址／臺北市南京東路四段50號6樓之1
電　　話／（02）2579-6600‧2579-8800‧2570-3939
傳　　真／（02）2579-0338‧2577-3220‧2570-3636
總 編 輯／陳秋月
副總編輯／賴良珠
主　　編／黃淑雲
專案企畫／尉遲佩文
責任編輯／陳孟君
校　　對／胡靜佳‧陳孟君
美術編輯／金益健
行銷企畫／陳禹伶‧黃惟儂
印務統籌／劉鳳剛‧高榮祥
監　　印／高榮祥
排　　版／陳采淇
經 銷 商／叩應股份有限公司
郵撥帳號／18707239
法律顧問／圓神出版事業機構法律顧問　蕭雄淋律師
印　　刷／祥峰印刷廠
2021年8月　初版
2024年3月　15刷

定價360元　　　　ISBN 978-986-175-622-6

你本來就應該得到生命所必須給你的一切美好！

祕密，就是過去、現在和未來的一切解答。

——《The Secret 祕密》

◆ **很喜歡這本書，很想要分享**

圓神書活網線上提供團購優惠，

或洽讀者服務部 02-2579-6600。

◆ **美好生活的提案家，期待為您服務**

圓神書活網 www.Booklife.com.tw

非會員歡迎體驗優惠，會員獨享累計福利！

國家圖書館出版品預行編目資料

小資族下班後翻倍賺：財富自由GET！3步驟月入六位數、30歲前晉升新
富族／蕾咪Rami作.
-- 初版.-- 臺北市：方智出版社股份有限公司，2021.08
288 面 ；14.8×20.8公分.-- （生涯智庫；194）
ISBN 978-986-175-622-6（平裝）

1.個人理財 2.投資 3.成功法

563   110010338